U0452324

明
室
Lucida

照亮阅读的人

空洞のなかみ

空空如也

［日］松重丰 著　　曹逸冰 译

北京联合出版公司
Beijing United Publishing Co.,Ltd.

中文版序

20多年前,我第一次踏上中国大陆的土地。到了北京,再转乘中国国内航班,飞往内蒙古。起飞后不久,万里长城映入眼帘,真真切切。即便置身于高空,也无法将长城尽收眼底。大陆的恢宏壮阔,令我震撼不已。

在内蒙古大草原的拍摄工作顺利结束。回到北京后,剧组给了几天难得的假期。在持续多时的外景拍摄中,我和当地翻译A君成了好朋友。我一再恳求,终于说动他带我去吃了顿正宗的饺子。从酒店出发,步行约15分钟,就有一家名气很响的饺子馆。盘中的水饺堆成小山,热气腾腾,好不诱人。趁热咬上一口,我便结结实实吃了一惊。因为它和我吃过的饺子截然不同。大家可能也知道,在日本,尤其是20年前的日本,"饺子"一般都是煎着吃的。虽说煎饺也很好吃,可这水饺直教人一动筷子就停不下来,仿佛是喝饮料一般,一个接一个灌进胃袋。加了满满几大盘饺子之后,我顿时对它的美味之谜产生了好奇,便请A君带我进厨房,逼问主厨"这水饺为什么这么好吃?"眼看着一个来路不明的日本人闯进狭小的后厨,主厨脸上却没有一丝怒色。他告诉我:"因为鸡蛋不一样!"我压根儿没想过饺子馅里还能加鸡蛋,顿时欣喜若狂,只觉得中国数千年的历史仿佛已尽在我的掌中。

第二天,我该回日本了。那天清晨,我与A君决定散步去天安门广场瞧瞧。当年还没那么多车,人也很少,放眼望去只有我们俩。走着走着,我忽然觉得A君长得很像我的一位童年玩伴,越看越像,像得一塌糊涂。我跟A君一说,才知道他也有同感。据说他也有个老同学和我长得一模一样。在去广场的半路上,我俩面面相觑,随即哈哈大笑。

一眨眼，20多年过去了。包饺子的时候，我也试过往馅里加鸡蛋，可至今没能重现在北京品尝到的味道。回国后，我和A君也保持了一段时间的联系，还互相寄过贺年卡，可惜后来断了音讯。

听说我的书要在中国出版了，这是何等荣幸。书里有好几篇有趣的小说与随笔，就是那个你们在《孤独的美食家》里见过的演员写的。它可不仅仅是遥远异国的演员写下的"谵言"与"戏言"。请回忆一下那位和我长得很像的老同学，毕竟，我们是风月同天的邻居呀。

松重丰
2021年3月

目 录

愚者谵言

序　章　　公交车上　　| 003

第一话　　　审讯室　　| 015

第二话　　　法槌　　　| 021

第三话　　　酒馆　　　| 027

第四话　　　陪跑　　　| 034

第五话　　泥土中　　　| 040

第六话	疮痂	045
第七话	手术室	050
第八话	复仇	057
第九话	日薪	064
最终话	单人牢房	071
尾 声	炖青花鱼	080

演者戏言

对供述影响巨大，
甚至改变了剧本设定的美味佳肴 | 089

给前一天狂吃大蒜的人送终，
感觉如何？ | 093

在困意袭来的午后，
咖喱赶跑了塞满脑袋的起诉书 | 097

在异国他乡成为异教徒的那一天，
寿司与冰凉的浴缸 | 101

一手拿着薯片的沉默羔羊，
可惜纪念照已然不见 | 105

要是有人问我长高的秘诀，
那就姑且回答"多喝牛奶"吧 | 109

寸头初中生
在雷鬼和朋克之间徘徊摇摆 | 114

用可爱的字迹写道,
"记不住是因为蘘荷啦" | 119

蹲过马桶以后,
再吃煎蛋卷和班尼迪克特蛋 | 123

在神明注视下的
净美茅房琢磨今晚的菜单 | 127

被定食屋深处的外星人注视着,
吃完大份米饭 | 131

世上并没有
东京特许许可局啊,隆景 | 135

绝不孤独的孤独队
团结在他的领导下 | 139

爱好相扑的柔道家
不想练出饺子耳，也不会挥球棒 | 144

在除夕夜红白歌会的同一时间段，
与独自过年的人们共享年夜饭 | 149

摘下假发泡个澡，
听人讲述万愿寺辣椒有多甜的夜晚 | 153

刚开始还挺好的，
但皮肤更渴望汉字而非片假名 | 157

郑重声明，
演员可不是由点组成的 | 162

机器人的梦中
有没有博多超软乌冬 | 166

难得我送了寿喜烧专用锅当新婚礼物，
你们还是别分手了吧 | 171

候场时对着镜头
连讲一堆无厘头的荤段子 | 176

子曰邻人未必是友，
拍照也未必是别人拍你 | 180

在黑帮事务所随口扯谎，
心可防抖乎？ | 184

坚持打针逃脱魔爪的方法，
你可敢信？ | 188

星空下，篝火旁，
为你打造畅谈人生的好所在 | 192

后记 | 196

愚者谵言

序章　公交车上

　　从山头刮下来的风变得凉飕飕的，下午便如天气预报所说下起了雨。迎来红叶季的京都人山人海，而这一带临近岚山，换作平时，街上也有衣着华美的人三五成群，来来往往。奈何天公不作美，雨中的太秦*冷冷清清。街景已不再是旅游胜地的模样，反而更像乡下小镇。

---

*　地名，位于京都市右京区，日本著名古装剧拍摄基地，也是观光景点。——本书注释皆为译注。

开往京都站的公交车从眼前经过。我连忙举起手来,公交车却仿佛没看见似的开了过去。匆匆走到太秦开町的公交车站,一看时刻表,才知道下一班车得等 15 分钟。长椅被雨淋湿了,而我一手撑着雨伞,一手拖着行李箱,恐怕很难以这种状态久等。话虽如此,打车去酒店要花 2000 多日元,而我的钱包还没那么鼓。无奈之下,只能步行前往岚电*的车站。乘坐那小小的叮叮车去终点站四条大宫,也许就能找到避雨的地方了。从那边走路去酒店大约需要 20 分钟,但这似乎是最明智的选择。通往车站的路很窄,非常不好走,偶尔还会有卡车开过来,催人让开。行李箱被塞得满满当当,轮子惨叫不止。

只要过了红绿灯,走到马路对面,便是小小的车站,谁知雨势在此时骤然加剧。狭窄的路口是复杂的十字路,再加上有电车往来,等待红灯时间自然很长。我实在没办法,只好提起行李,打算去背后的山门躲一躲。京都的古建筑与风景浑然一体,不仔细看的话,

---

* 指京福电铁岚山本线。

你也许都不会注意到眼前有一座历史悠久的古刹。虽说时常路过这里，但此刻再一次抬头仰望山门，我仍不由得为京都这座城市的底蕴之深而惊叹。是广隆寺啊……工作日下午，天下着雨，之后也没有安排，姑且进去瞧瞧吧。

虽说和初来乍到的那些日子相比，我已经逐渐习惯了京都影视基地的节奏，奈何习惯上的差异之大堪比异国他乡，着实教人劳神。眼下我参演的并非古装剧，而是现代剧。故事的舞台明明设定在东京，却不知为何安排在这里拍摄。分配给演员组的住宿费是每人每天6000日元，扣完税，到手只有5400日元。更糟糕的是，酒店得自己安排。在正值红叶季的京都，我没法连住好几天，只得带着大件行李过着吉卜赛式的流浪生活。

天气预报说今天要下雨，所以我昨晚就接到了调整拍摄计划的通知，早上五点半进基地，赶在下雨前拍完。下一次拍摄要等到下周，今晚可以在东京吃晚饭了。谁知计划赶不上变化。当我去一楼的演员后勤部领钱买新干线车票时,对方却让我不要回东京,因为天气预报说三天后会下雨,要做两手准备,让演员组留下待命,确保无论下雨还是放晴都能开机。"三天后"这个数字听得我心头一痛。如果两次拍摄之间没有隔开三天以上,剧组就不给报销新干线车费。当然,如果那天放了晴,也轮不到我拍。我有可能要在这里干等一个星期。现在住的酒店是每晚6500日元,等于我每住一天,就要自掏腰包亏1100日元。我后悔不已,真不该在来之前退房的。

幸好在我联系酒店的时候,刚好有人取消了预订,好歹确保了今晚的住处。接下来该怎么办?计划突然调整又如何,反正也没有其他工作安排,这份悲哀是何等扎心。

因为本打算要回去,东西早已塞进了行李箱。我一边把东西放回休息室的柜子,一边琢磨上午的台词。区区三行,明明就这么点台词,我却死活想不起来。我有拿到剧本后立刻背好台词的习惯,以便应对剧组临时调整拍摄计划。而且我会提前设计好几种不同的语气与弦外之音的变化,以满足导演提出的任何要求。然而,三行说明性质的台词明明早已记在脑子里,到了关键时刻却说不出来。排练时明明说出来了,正式开拍时却卡住了。卡了两三次后,和我搭戏的年轻演员安慰道:"千万别放在心上,我也经常这样。"闭嘴,别把我跟你混为一谈。卡了五六次时,副导演端着水过来,说道:"要出去透透气吗?"混账,别浅笑着跟我说话。卡了七八次以后,我都不觉得自己能说得出来了。一连卡了十多次之后,导演便让大家休息一会儿。

我讨厌懒惰的人。我向来鄙视那些不做任何准备,待在镜头前无所作为的家伙。所以我会把台词背得滚瓜烂熟,管它是冰点之下的风雪极地,还是赤道之上的炙热地狱,都要演好自己的角色。做好充分的预习,无论搭戏的演员抛出什么样的球,都要稳稳接下。将角色完全融入自己的血肉。我向来如此自我要求。

在地狱般的茶歇过后,拍摄工作重启,可我还是一句台词都说不出来。有人建议拆成三条拍,一行台词一条,但我连一行都不一定能说完整。无奈之下,剧组只得为我准备"小抄",即提词板。搭戏的小年青一面笑着说"我完全 OK 啦",一面把写有我台词的模造纸贴在胸前。至于之后发生了什么,我记不清了。只记得自己翻来覆去地说,谢谢,对不起,可能是昨天喝太多酒了,对不起。只得勉强按住因为犯傻不住流血的"伤口"。

我拖着重新收拾好的行李箱走下演员会馆的楼梯。

只见同届的演员一边和经纪人商量事情,一边走下出租车。我们彼此认识,却自然而然地调整了姿势,避免眼神相交。

与此同时,与我演过同一出话剧的晚辈演员也走了出来,一身武士的打扮。我下意识地装出从包里掏折伞的样子,避开他的目光。都是四十五六岁的人了,干什么呢? 自我意识着实灼人。

后勤部的女职员问道:"要叫车吗?"我笑了笑,却没有理睬,慢慢撑起伞走出基地。

"改行"二字若隐若现地在脑海中打转。

寺院内广阔得出乎意料。大雨中，不见一名香客。走了一小段路，便看见了左手边的接待处。入场费700日元。坐镇窗口的老人递来零钱和盖有印章的小册子，那应该是门票的替代品。权当是进咖啡厅躲了场雨吧。

小册子上说广隆寺是京都最古老的寺院，与名字发音相似的奈良法隆寺关系很近，还是与圣德太子颇有渊源的名刹。高考选的明明是日本史，此刻却在深深颔首，我不禁为自己的学识短浅而感到羞愧。寺院的正尊是国宝弥勒菩萨。下午本就没有组团参观的学生，再加上下雨，我打算去的灵宝殿里不见人影。

我鞠了一躬，进入殿堂。宽敞的伽蓝正面，便是那动人的身姿。

"弥勒菩萨半跏思惟像。"

觉得似曾相识也是理所当然，肯定在日本史的教科书上见过。实物当前，我险些当场拜倒。倒不是屈服于势不可当的力量，而是感觉到了让我想要袒露自己、五体投地的平静。我向来感应不到神佛，也没有特定的宗教信仰，实在无法理解这样的感觉为什么会降临在自己身上。

佛像前铺了一片榻榻米，可以坐下与之面对面。反正不会有别人进来，我几乎坐在了佛像的正对面。我呆呆坐在那里，唯有时间一分一秒地流逝。感觉自己对佛像说了什么，佛像仿佛也对我说了什么。

记忆不太清晰，但我唯一确定的是，自己在那里一直坐到了关门时间。

我坐在公交站等车。突然现身的太阳拭去了长椅上的水分，夕暮中的街头巷尾重拾平日的热闹。片刻后，开往京都站的72路公交车到站了，我拖着沉重的行李朝车尾的座位走去。幸好此刻虽是下班高峰，车上却空荡荡的，我可以带着行李坐在最后一排。和我一起上车的老人坐在前面的座位上，托腮望着窗外。我喃喃自语道，今晚去四条乌丸吃炖青花鱼吧。

"你是演员？"前面的老人转过身来问道。我瞧不出对方是男是女。不过他跷着二郎腿,是老爷爷的可能性更高些。到了他那个年纪,性别差异就变得模糊了。且慢,仔细端详过后,我好像也吃不准他的年纪了。

"对。"我轻轻点头作答。沉默持续了片刻,大概是他想不出我叫什么名字,觉得有些尴尬吧。对话往往会就此告终。
"演过什么片子啊?"温软的京都方言传来。
"嗯……呃……什么样的都有。"代表作当然是没有的。
我本以为对话肯定到此为止了,转头望向窗外。

"你看了好久啊。"
我不明白他在说什么。
"偶尔会有来太秦拍戏的演员过来的,基本都是一个人来。"
我终于意识到,他正是售票处的那位老人。

"啊……刚才多谢您关照。"

"你一直看到关门才走的吧。"

"嗯,一不留神坐了很久。"

"你是头一回来吗?"

"是的。"

"那尊佛像是不是很美啊。"

"是啊,真的很美。"

由于寺院就在影视基地边上,肯定常有演员过来打发时间。在这位老人眼里,我大概是个一点都不稀罕的游客。

"那你悟出什么了吗?"

"啊?悟出什么?"

"坐了那么久,都跟菩萨聊什么了呀?"

"呃,也称不上聊吧……怎么说呢,像是对佛祖发了点牢骚,也像是得了些安慰,回过神来才发现已经五点了。"

我如实回答。

"那尊菩萨啊,里头是空的。"

"啊?"

"掏空木雕佛像很费功夫,但要是不掏空,佛像就撑不了 1000 多年。哪怕发生了火灾,中空的佛像也很轻,容易运出去,又不会开裂。古人做佛像还是很用心的。"

"哦……原来是这样啊。"我姑且感叹了一句。

"那个空空的洞里可以装各种各样的东西,你这样的人的抱怨也能装下不少呢。"

"哦……"

"不过要是有别人来了,那个洞就还是空的,多少东西都装得下,可厉害了。有人说啊,那就是什么宇宙。我这种连京都没出过的人也搞不懂宇宙是个什么玩意儿。"

"宇宙……吗?"

身体能感觉到公交车的摇晃带来的畅快节奏。

在夜色将至的京都,霓虹灯接连点亮,闹市区越发近了。

"你的工作不也一样吗？扮演五花八门的角色，一会儿把角色装进容器，一会儿又拿出来。"

我不知道该如何回答。就在我顾不上随声附和的时候……

"哎哟，搞不好你肚子里也是空的？"

我笑了一下。我感受到了那句话中直戳核心的分量。

"不，我就是空洞的，虚无的，什么都没有啦。"

话音刚落，老人缓缓转身，按了下车铃。

"是吗。那有空再来我们寺院参观呀。"

"多谢您了，很高兴与您交谈。"

"啊，对了，空洞和虚无啊，还是有区别的。"

说着，老人在乌丸御池的公交站下了车。

两个词在脑海中打转。

从那天起，我就不知道自己的工作究竟是干什么的了。

第一话　审讯室

面前的桌上摆着一盏没开的台灯，除此之外别无他物。坐在桌子跟前那把椅子上的人似乎是我无疑。脑海中的雾霭尚未散去，所以我不知道自己为何会坐在这里。房间里光线昏暗，三面是墙，没有窗户，这张小桌就摆在中间。前方有一扇朴实无华的门，将周围的声音隔绝在外。我设法梳理着模糊的思绪。

那么，我今天在演什么呢？

这里应该是"审讯室"。看来我又演了个刑警。这种类型的场景已经重复过多少回了？颜色土气的西装,不打领带,这身衣服肯定是在别的剧里用过的。不是 5 频道就是 8 频道 *,要么就是东映。反正刑警是我演惯了的角色。

缓缓回头望去,只见墙边还坐着一位穿制服的警察,正对着电脑打字。应该是扮演书记员的群演。也就是说,扮演罪犯的人马上就会被带进来,我只要审讯一番,逼他招供就行了吧。我对制服警官笑了笑,想表现出自己的从容,但他不理不睬。

前方的门悄然开启,嫌疑人被另一位警官带了进来。三十来岁,身材消瘦,长相有些眼熟。

虽然他的角色是罪犯,但他扮演的应该不是坏到根子里的恶徒,而是因苦衷无奈染指犯罪的凡人。也不知道他的演技如何,但剧组肯定是认为他能演得恰如其分,所以才会请他出演这个角色的吧。只见他在警官的催促下坐到我对面的椅子上,眼里写满恐惧,

---

* 5 频道为朝日电视台,8 频道为富士电视台,两家电视台都经常制作这种类型的刑侦剧。

拒绝与我进行眼神交流。

紧张的沉默持续了一阵子。

就在我忍无可忍,正要主动搭话时,他终于开口了。但他没有说出声,我听不见他在说什么。录音组肯定也录不到他的台词。他就那么没完没了地说着。他提前背熟了剧本,这份努力固然值得肯定,可是连搭戏的演员都听不清楚,那还有什么意义啊。

没办法,给我瞧仔细了。我心想,此刻我应该一声大喝,打断他那冗长的借口,一鼓作气让他招供,这样的剧情还更痛快些。

我一拍桌子,大声说道:"是你干的吧!"

他却目瞪口呆,傻傻地注视着我。你是没挨过爹妈的骂吗?

说时迟那时快,我身后的制服警官和陪同嫌疑人的警官竟同时冲上来,反剪我的双臂。放开我!到底是哪个群演事务所派来的啊,按人设演啊!我没把这些话说出口,只是瞪着他们,他们却不松手。

谁知那扮演罪犯的人却说出一句莫名其妙的话来。"够了,松开他。"我这才重获自由。

不祥的预感掠过心头。
我搞错角色了。
定睛一看,眼前这人竟然是演过咖喱广告的那个演员,还记得他因为去年的晨间剧火了一把。糟了,他绝对是这部剧的主角。
这就意味着,恐怕我才是嫌疑人,是背负着某种罪名的客串配角。哎呀,早该注意到的,我脚上穿着的分明是厕所凉拖,而不是皮鞋。

想是想明白了,嫌疑人的台词却是一句都出不来。而且我压根就不知道自己是因为犯了什么事才被抓起来的。对了,只要送我去做心理评估,就能无罪释放了。我佯装失忆,奈何咖喱王子严厉逼问,我只得闭口不言。

王子一改方才的语气,盘问时嘴角白沫横飞,口齿那叫一个清楚。没辙了,看来眼下只能保持缄默,姑且争取一点时间吧。

也不知过了多久,王子把桌上的台灯开了又关,又用手中的笔连连敲打桌面,在心理层面发动各种攻势。真是自作聪明的小把戏。肚子也有点饿了,我越来越没有继续保持缄默的信心了。干脆认罪,就能一身轻松了,也不知道自己做了什么,但还是坦白招了吧。

门缓缓开启,另一位警官递了个东西给同事。王子用轻柔的动作将那个碗推到我眼前。炸猪排和鸡蛋从盖子的边缘漏了出来。

那是一碗猪排饭。

都什么年代了,亏编剧写得出这样的设定。审讯室配猪排饭,又不是演小品。哪怕是面向老年人的电视剧,也有种无法抹去的过时感。多烂俗啊,烂俗。少瞧不起观众了。我顿时没了招认的兴致。

漏出来的炸猪排和鸡蛋没在冒热气,大概是提前做好的消耗品道具。要么是美术组在消耗品室做的,要么是去餐馆买来的。与此同时,我忽然产生了打开盖子瞧一瞧的冲动。真想抓起碗大快朵颐一番。我不禁想象起了咬住猪排时溢出的肉汁。它虽然凉了,但还没变硬,半熟的鸡蛋裹着汤汁穿过喉咙。

糟了,完蛋了。只能吃了。

我湿了眼眶,直视着对方的眼睛说道:

"是我干的。"

第二话　法槌

　　面前的桌上摆着一把小木槌和看起来像是木槌底座的玩意。我一头雾水,也不知道它是用来干什么的。我试着举起木槌,对准底座一敲,清脆动听的声音响彻全场。

　　刹那间,周围的空气顿时绷紧。我第一次环视四周。在正前方稍远处,一群人坐在椅子上,个个都提心吊胆地凝视着我,显然是观众。这么说来,我应该是演奏某种乐器的乐手。问题是,单靠这样一把木槌是不可能演奏出音乐的。定睛一看,却发现左右两侧竟然也有两列观众。

今天我演的是什么角色？

是上方*的落语†家，还是讲谈‡师？可他们敲的是梆子和折扇，而不是木槌。我姑且举起木槌，正要抖个包袱，目光却对上了坐在面前的男人。

坐在最前排的他，双手被绳子似的工具绑着，系在警官模样的旁人身上。那可不是剧场里的观众，而是被告。

那坐在他正面的我又是什么人呢？我垂头思索。我身上穿着宽大的黑色衣服。两边也有穿着同样衣服的人。左右两侧的"观众"肯定是律师和检察官。毫

---

* 地名，日本近世对京都、大阪及其周边地区的称呼。古为文化中心，以落语、歌舞伎、漫才为代表的上方文化远近闻名。
† 日本传统曲艺形式之一，类似单口相声。
‡ 日本传统曲艺形式之一，类似说书。

无疑问,我是审判长。

那么,我必须对那些因为方才的木槌响声注视着我的人说点什么。

"肃静。"

太好了。是这句台词没错。可是,且慢。好像还缺了点什么。对了。

"现在开庭。"

不过话说回来,真没想到是在拍庭审戏。还好坐在了审判长的位置上,我不禁松了口气。这种场面往往是影视作品的高潮,剧本一般也长达数页。我不知道谁是主角,但在这种情况下,主角十有八九是律师,偶尔会是检察官,也可能是旁听席上的刑警或者被告的家属。

往左看去,只见律师席上坐着一位名气很响的年轻女演员。我没跟她合作过，不过她肯定是主角。这是一部关于女律师的影视剧。这么看来，后半场戏就看她力挽狂澜了。老套的惊天大逆转。台词恐怕也有好多页。

细细打量扮演检察官的演员，便发现他也是中生代演员中的潜力股，跟我合作过几次。实力也是过硬的，所以编剧才会把两人的唇枪舌剑设定成全片的亮点。

旁听席上也零星坐着几个熟面孔的演员。他们今天大概是没有台词，一脸毫无紧张感的表情。

我是审判长。台词翻来覆去也就四种套路，"反对有效""反对无效""肃静""现在休庭"。再长的戏也不怕。这几天就好好扮演冷静的审判长吧。

"开始宣读起诉书。"

右手边扮演检察官的中生代演员站了起来。他的低音在法庭内回响。很动听的声音。话说回来，还记得他前一阵子给 NHK 的纪录片配了旁白。一时间，我听得入神。

听着听着，他的台词之长引起了我的注意。有必要没完没了地说这些解释性的台词吗？一点动作都没有，观众肯定会觉得无聊，完全可以稍微砍掉一点啊。渐渐地，他的声音之低也让我忧心起来。再这么下去，观众怕是要换频道了。

不过，真亏他记得住这么长的台词。这一点还是值得称赞的。了不起，我可学不来。我旁听过真正的庭审，那检察官全程都在嘀咕，而且频频卡壳。那样才叫真实啊，是吧……是吧。

哎哟，糟糕，想着想着险些断片，还是专心演戏吧。

他的声音还是那么低。咦，等等，这部分他刚才不是念过了吗？哼，好吧，随便吧。

呵……

话说回来，我记得日本的法院其实是没有这种木槌的吧。只是受了外国律政片的影响，拍这种戏的时候总会备上一把。它叫什么来着,呃……三个字,是"拉贝尔",还是"库贝尔"?好像在哪部作品里提到过的。叫什么来着……呃……闭上眼睛,努力回忆一下吧。

不过那人在搞什么啊,怎么翻来覆去念起诉书的同一段啊,就没人提醒一下吗?真要命。

阿贝尔,伊贝尔,乌贝尔,呃,艾贝尔,奥贝尔……

"卡——!"

场记板响起,摄影机应声停下。副导演没有走向扮演检察官的人,却直冲着我来。

"能请你专心点吗,你一睡着就得喊卡!"

第三话　酒馆

　　酒杯形状奇特，好似蜗牛，盛着我从未见过的黄绿色液体。它就摆在我面前的吧台上，所以应该是我点的。从上方俯瞰，只见杯中装有代替冰块的干冰状物体，烟雾自杯沿飘散。

　　香味倒是不错。不难想象，那大概是一种南洋水果鸡尾酒，只是我平时很少喝罢了。试着抿了一口，酸酸甜甜的味道随着香气蔓延开来，尝不出酒精味。在干渴的作用下，我将它一口饮尽。味道还不错，口感也很丝滑，我不禁暗暗赞叹。

我把玩着空了的蜗牛状酒杯，琢磨那款酒的基底用的是什么水果。突然，视线与不知不觉中站在我面前的酒保相交。

在那一刹那，呼吸险些凝滞。店内光线昏暗，视线难以聚焦，但出现在我眼前的分明是穿着酒保马甲、戴着蝴蝶领结的大食蚁兽。准确地说，是一个长得像大食蚁兽的人。这世上哪有鼻头长达一米的人，眼前这位已经无限接近大食蚁兽了。只见他笑着指了指酒杯，惹得我不禁又续了一杯。

那么，此刻我演的是什么呢？
这里究竟是什么地方？
我不敢四下张望，却不得不想办法了解自身的处境。店面与小剧场一般大，顾客不多也不少。大家都在说话，只是受回声的影响，一句都听不清楚。我凝眸打量四周顾客的脸，果不其然，净是些超乎想象的面孔。堪堪顶着人脸的不过寥寥数人，其余的难以分清是动物还是外星人。我心烦意乱地瞧着，却见一只牛蛙正盯着我看。为避免惹祸上身，我立刻将视线转向别处。

我确信自己身在一家非比寻常的酒馆，却实在想不出这会是一部什么样的电视剧。是小品、恐怖片，还是科幻片？真要说起来，的确能想出一部符合条件的。然而，我完全无法想象自己会被叫去那部作品的片场。我缓缓喝了一口面前的鸡尾酒，试图让自己冷静下来。

店外传来一阵喧哗。片刻后，那群人便从门口涌了进来。我对事情的前因后果一无所知，却感觉到店里的气氛顿时紧张起来。与其冒着风险，在这个人生地不熟的地方寻找出口逃跑，还不如静观其变。为保险起见，我翻了翻口袋，想看看里面有没有可以当武器用的东西。结果没找到武器，却摸出了一个小标签。上面写着几个小字，"人猿星球专用"。不是这部作品，这是一套循环利用的戏服。

渐渐地，喧哗发展成了斗殴，各种玩意儿满天飞，砸坏东西的声音在店里回响，震耳欲聋。又过了一会儿，一条胳膊飞到了我所在的吧台。要是在这个时候吓得一声惨叫，搞不好会毁掉作品的世界观。于是我只能拼命掩饰内心的慌张。

我将视线转向了冲突的当事者们。只见一个白发老者和一个猿猴模样的巨人被众多妖魔团团围住。虽然寡不敌众，但老者猿猴二人组拥有压倒性的实力，迅速打垮了大多数敌人，胜利在望。这位实力碾压全场的老者……我是见过他的。只是他动作太快，所以迟迟没能看清罢了。没错。

那不是哈里森·福特吗？只要他往海边的高脚凳上一坐，就会被写进日本的歌里*。与他并肩作战的猿猴巨人当然是楚巴卡†。毫无疑问，我来到了那个系列的片场。

---

* 此处指的是PUFFY演唱的《海边种种》(渚にまつわるエトセトラ)的歌词，"去吃螃蟹吧／干脆去吃螃蟹吧／高脚凳上坐着那个哈里森·福特／我们是超级幸运的女孩"。
† 《星球大战》中的人物。

我顿感心跳加速,仿佛血液都开始倒流了。

慢着,冷静点。也就是说,这里是韩·索罗*和他的朋友们经常光顾的那家酒馆。这肯定是一场找老朋友求助的戏。那么我这次要扮演的角色,想必就是那位"老朋友"了。

既然约在这里见面,那就说明我肯定也是个流氓无赖。让我演个亚裔海盗首领应该是最合适的,有村上海军血统的海盗后裔。选角的眼光倒是不错。虽然有些对不住渡边谦老师和真田广之老师,不过这个角色就归我了。事已至此,外语水平只能请人家闭上眼睛多多见谅了。无论是站在叛军一方,还是站在帝国军一方,都要演到位。

想必过不了多久,哈里森就会走到我跟前,用拥抱庆祝我们的重逢。那就把我所知道的英语全都调动起来,尽力表演一番吧。

---

* 《星球大战》正传三部曲中的主要角色。

果不其然,撂倒了敌人的哈里森向我走来。我竭力稳定心绪,从吧台座起身,准备迎接他的到来。

可就在这时,也不知是怎么了,楚巴卡竟追上了他,朝我冲来。等等,我跟你没什么要谈的,我试着用英语平静地告诉他。我以为自己这么说了,却只发出了"啊啊啊啊啊啊啊啊啊啊"的声音,说不出像样的话来。

楚巴卡立刻回了一串"啊啊啊啊啊啊啊啊啊",还给了我一个热烈的拥抱。我被那壮硕的身躯用力抱着,甚至被亲了一口。得到楚巴卡的亲吻,我也一点都高兴不起来。

与此同时,哈里森经过我们身边,从后门走了出去。楚巴卡一副依依不舍的样子,一边说着"啊啊啊啊啊啊啊啊啊",一边追上哈里森。

"卡!"

店内重归寂静,每个角色都脱起了身上的皮套。吧台后的大食蚁兽里头也冒出一个身材娇小的黑人女子。她摆出要和我握手的姿势,并示意我也脱下皮套。我伸手摸脸,这才发现皮肤上贴着一层厚厚的硅胶。我使劲一拉,剥下硅胶,翻过来一看。

擦了口红的雌性伍基人*面具眉开眼笑。

---

* 《星球大战》中的种族,楚巴卡就是伍基人。

第四话　陪跑

我在奔跑。

左右脚规律往复,耷拉着的双手以绵软放松的状态前后摇摆。富有节奏的动作为大脑带来了愉悦的刺激。积极吸入氧气,连心情都亢奋了几分。

问题是,我并没有这样慢跑的习惯。由于当年练"比利大叔新兵训练营"*过了头,我得了膝盖积水,最后不得不去医院抽出黄色的积液。痛定思痛,这些年我一直尽量不做对下半身造成负担的事情。然而此时

---

*　Billy's Bootcamp,风靡一时的减肥操。

此刻，我正专心致志地跑着步。

我心想，这是在演什么角色呢。

最先想到的设定是"我在逃避某个人"。也许我是拿了黑帮的钱跑路了，也许是抢劫了便利店，也许是抢了老太太的包，但此刻的我两手空空。这么看来，我可能是正被警方追捕的逃犯，也可能是外遇被抓的妻管严，或者是被怪兽追杀的普通市民……我设想了种种场景，奈何身后并没有追杀者的踪影。我只是在跑而已。

短裤加运动衫的打扮，说明我肯定不是江户时代的信使，也不是古希腊的传令兵。好，那就回归原点。如果"跑步的人"等于"运动员"呢？一把年纪的田径运动员未免不太现实，然而在这个老龄化社会，诞生这样一部作品倒也不奇怪。

为慎重起见，我伸手摸了把胸口，感觉衣服上贴着号码布似的东西。毫无疑问，我正在扮演一个跑步运动员。而且我脚下并不是田径跑道，而是普通的国道。也就是说，我参加的肯定是马拉松的比赛。定睛一看，在前方行驶的摩托车分明是白色的警用车。而且在人行道上，竟然还有无数观众挥着小旗子加油欢呼。看样子，我正处于领先地位。一把年纪的长跑运动员，他正谱写着怎样的故事呢？感觉还挺不错的。

42.195公里。世界纪录是两个多小时完赛。那么我现在跑到哪一段了？左手腕上戴着手表，调成了秒表模式，显示出我已经跑了56分钟。跑了这么久了，却不觉得累，感觉自己还有的是力气，也许是扮演这个角色刺激了肾上腺素的分泌。

"折返点在3公里后"字样的标志映入眼帘。这是一场持久战，切不可骄傲大意，必须控制好节奏，否则就无法抵达终点。考虑到这一点，我稍稍放缓了脚步。就在这时，我感觉到身后好像有人。缓缓回头望去，只见号码布上写着"8"的高个儿跑者从后方逐渐接近。再次回头时，两人视线相交。错不了，是演员A。他比我小两三岁，模特出身，与我合作过若干次。

只有我一个人埋头奔跑，也确实撑不起一部作品。

只有你追我赶，斗得你死我活，才能孕育出人性悲喜剧。爱与友情的42.195公里。好无聊的标题。我也能理解制作方那简单粗暴的思路。行吧，在后半程的一个半小时里制造种种看点，最后让他独享荣耀，哪怕是这样的剧情也挺有意思的。我顿感肾上腺素喷涌而出。

不一会儿，他便跑到了我身边，两人并驾齐驱。这样的同框镜头倒是颇具画面感。为了避免画面过于单调，我时而往左，时而往右，有意缩短或拉开两人之间的距离。

"多谢了。"

A却说了一句莫名其妙的话。他干吗要在这个时候跟我道谢？而且用的还是过去式，听着怪怪的。怪人一个。我没有理会，继续奔跑。没过多久，折返点就出现在了视野中。

折返点到底是关键场景,道路两旁安排了大量的群众演员,足见制作方对这部作品的期望之高。我强压着激动到颤抖的心情,一遍遍告诉自己,我要将自己的演员生命赌在那即将到来的下半场耐力比拼上。

我对着与自己并肩奔跑的 A 摆出握拳振臂的姿势。见状,他又说了句莫名其妙的话。

"真是辛苦您了。"

算了,让他去。等冲过终点线,喊了"卡",再找 A 问个清楚就是了。

我们以齐头并进的状态绕过折返点的三角杆,观众的热情瞬间冲至顶点。大伙儿别急着喊啊,别这么快就下定论。这才刚开了个头而已,好戏还在后头。

过了折返点,我稍稍加快节奏,把 A 甩到一步之后。说时迟那时快,有人从路边冲了过来。暴徒对准我的侧腹部使出擒抱,紧抓着不肯松手。我挣扎着想甩开他,奈何跑了一路,身体早已动弹不得。这时,另一个暴徒朝我扑来。之后又来了好几个暴徒将我牢牢按住。放开我,你们想干什么,还在比赛呢!别胡闹!

我望向前方,却见 A 若无其事地跑远了。

你要撂下我跑走吗?

暴徒们将我摁在路上,异口同声道:"已经结束了!"什么结束了,明明是你们打断的啊。

挣扎时脱落的号码布被我捏在了手里。缓缓摊开一看,上面并没有数字,却写着"P""A""C""E"这几个字母[*]。

"是啊……"

无力的话语与叹息一同自唇角滑落。

---

[*] PACE 指马拉松比赛中的配速员。

第五话　泥土中

我不知道自己睡了多久，身体却莫名地麻木。不是被褥的重物压得我几乎喘不过气。我试图睁开眼睛，但脸上好像也有什么东西压着，即便睁开眼皮，黑暗依然统治着我的周围。我又动了动嘴，发现自己正叼着某种管状物体，看来我貌似是通过它呼吸的。我试着把嘴张大了些，某种东西霎时涌入。土的味道和泥的质感充斥着我的口腔。

此时此刻，我被活埋在地里。

中央高速公路在快到八王子的路段因事故出现了轻微的拥堵，好在一路畅行无阻。在谈合坂服务区买的星巴克咖啡直到河口湖匝道还保持着恰到好处的温度。昨夜落枕的脖子仍有些不适，但应该不会影响到工作。下了高速，再往西走。游乐园中已不见孩子的身影。这一带海拔较高，树木的颜色预示着秋天的尾声。当西湖出现在右手边时，缓缓向左拐去。

片场就在这附近的森林里。我拿到了地图，说制作组就在地图上标出的地点等着。这一带有不少手机没信号的地方，所以具体的会合时间与地点都是提前指定好的。"树海"字样的标志出现的次数逐渐增加。我忽然想起，当年有个邪教就把基地设在了这儿。

此刻，我被活埋在富士树海中。我试着分析了一下自己的处境。
这次我扮演的又是什么样的角色？

有多少涉及死亡和凶杀的电视剧，就有多少演出来的尸体。尸体没有台词，所以拍摄当天的心态颇为轻松。只是拍摄期间不能呼吸，所以一旦碰上比较长的戏，难免会有差点憋晕过去的感觉。胸口就不用说了，连肚子都不能动一下。如果你故意睁着眼睛死，就得负责到底。

与家属演完哀声悲叹的戏码，进了棺材，就不需要亲自上场了。哪怕不是病死的，而是被黑帮做掉埋了，只要拍到全身盖着泥土的那一刻即可，之后的镜头也无须亲自扮演。偶尔需要拍摄人被扔进海里淹死，然后尸体浮出水面的场景，但警方一旦确认了死者的身份，便会给尸体盖上蓝色塑料布，所以演尸体往往能提前回家。

然而，我此刻被埋在地里，而且还被埋在了富士树海。

等等，莫非他们先前在拍摄埋我的那场戏，而埋我的主演用阴气逼人的表情震撼了周围的工作人员，感动得他们直接拍下一场戏去了？连埋在地里的演员都撂下不管了。还真有可能。我知道有一家制作公司的确干得出这种事情。

四周被寂静笼罩，完全没有工作人员要来叫我的迹象。我仿佛听到有人在我耳边发出了信号。我下决心要爬起来。

我先缓缓挪动双手，搅动周围的泥沙。泥土中似乎有不少枯草，比我想象的要轻。我用力伸直手肘，手似乎冲出了地面，以手肘为支点，尝试抬起上半身。虽然过程稍感艰难，但最后还是把头也弄了出来。眼睛还没法睁开。谢天谢地，总算不会就此死在地里了。

突然，女人的刺耳尖叫响彻四周。我也不禁停住了，以刚冒头的状态保持静止，然后缓缓将头转向声音的来处。也许危险也逼近了我，然而拜脸上的泥土所赐，我还是睁不开眼睛。我本想问一句"你没事吧？"，奈何嘴里有土，教我呛得厉害。

"唔咕咕咕咕咕咕咕咕咕。"只发出了一串不成声的怪响。

更凄厉的惨叫传来。女人的声音好像离我越来越远了。我本想叫她等一下，不要走，可这些话又转化成了"唔咕咕咕咕咕咕咕咕咕"的吼声。无奈之下，我只好起身去追，谁知双腿早已麻木，根本走不成直线。落枕的脖子更是让我的头不停地前后摆动，仿佛痉挛一般。我的状态不对劲啊，谁来救救我啊。

站在客观角度看，一个半裸的大汉，浑身是泥，头部剧烈摆动，口吐泥沙，跌跌撞撞地朝一个女人走来。嘴里发出"唔咕咕咕咕咕咕咕咕"的吼声。

"卡！"

有人抱住了我，让我停了下来。竟是工作人员，原来他们在这儿啊。有人递来了湿毛巾，我擦了擦脸，环顾四周。得救了，总算回到了现实。我顿感全身一松，一屁股坐了下来。面前的副导演插在腰上的剧本映入眼帘。

"TOKYO 活死人·树海僵尸篇"！

原来是低成本的深夜剧。

第六话　疮痂

由于时常在不眨眼的状态下长时间凝视别人，眼球表面长期处于干涩状态，我患上了眼睑内侧结痂的职业病，深受困扰。眼科医生说我得了干眼症，疮痂只能请医生清理，没有其他办法。在日常生活中也没有什么有效的预防措施。每次去医院，医生都会开三种眼药水给我。唯一的应对之策，就是让眼球保持适度的湿润。第一种眼药水的成分和眼泪相同。其实多哭几次也是一样的，奈何我一个男人总不能当着别人的面毫无意义地掉眼泪。第二种眼药水的成分和狗的口水相同。给狗洗过饭碗的人都知道，碗上的黏液特别难洗,据说那种成分对眼睛很有好处。第三种眼药水的成分和胃药相同。据说这种药的效果最好,只不过药液是雪白的,双眼淌着白水的模样要是被陌生人看见了,怕是对人家的心脏不好。它还有种奇怪的副作用,那就是滴完半天后,会有苦水流过喉咙。

话说回来,我今天还没滴过任何一种眼药水。

坐在我面前的男人死死盯着我看。他的眼白特别明显,视线的焦点貌似在我身上,又像是瞪着我背后的某个人。我也目不转睛地盯着对方的两眼之间,眼皮都不动一下。挪开视线不单单意味着输掉比试,我甚至感觉到自己的生命都受到了威胁。眼前那人绝对是混黑帮的。

我是以什么样的角色和他对峙的呢?

坐在我面前的人是个黑帮混混。那就试着以此为大前提推演一番吧。那么坐在他对面的我是普通人,还是同行?我保持凝视正前方的状态,以余光摸索他的背后，只见墙上挂着一幅巨大的家徽。就是黑帮事务所常挂的那种。也就是说，我是客人，既不是他的上司，也不是他的下属。家徽左右两边有什么东西在微微移动，乍看还以为是大型爬虫动物，仔细一瞧，原来那边站着小弟模样的二人组。无论我在不在道上混，情势危急都是毋庸置疑的。

"您也该招了吧？"

对方总算开了口。见他用的是敬语，我稍稍松了口气，奈何我并不知道他在问什么，紧迫感便又增加了几分。当然，他问这句话并不是因为担心我身体不舒服。

"我什么都不知道。"

这句话里没有丝毫的谎言与虚伪。恐怕我扮演的是一个受黑帮胁迫的律师或者公司老板。但理所当然的是，我说不出第二句话来。在漫长的沉默中，对方眼睛一眨不眨地盯着我看。要是我挪开视线，他肯定会认定我在撒谎。时间一久，我那双干涩的眼睛到底还是撑不住了。

由于长时间不眨眼看东西，右眼好像形成了急性的疮痂。稍稍转动眼球便磨得慌，带来阵阵剧痛。我想起身去镜子前看看，可条件不允许。怎么办？姑且先摸摸看，找到疮痂的位置吧。

视线继续锁定对面的混混，只将右手缓缓抬起。为了不让对方起疑，我抬得很慢很慢，终于摸到了耳朵。一边用食指掏着右耳，一边试着用小指去够右眼角，可是够不着。

怪了，不应该啊。将手举到视野中一看，小指竟然没了。

原来我不是律师，也不是老板，而是一个没有小指的黑帮混混，一个因为犯了什么错误被人砍掉手指头抵罪的小流氓。耻辱感令我心头一慌。雪上加霜的是，剧痛再次袭来。我开始用力揉眼睛。管他呢，得把眼球的疮痂弄掉。

他身后的小弟对我的可疑举动做出了反应，一人一边按住了我的胳膊。我已经没有闲心应付那些小流氓了。我甚至异想天开起来，想道出自己的难处，让他们带我去看眼科医生。说时迟那时快，沉重的拳头向我砸来。第二击正中右眼，翻倍的疼痛让我乱翻乱滚。可那两人把我撂倒在地，随即死死按住，我却毫无招架之力。

"快说，到底在哪儿？"

我已然听不到混混的台词了。除了疮痂和挨打的疼痛，扮演一个没有小指头的黑帮小流氓更令我羞愧难当，不禁落下泪来。我呜咽着，哭个不停。哭着哭着，右眼的疼痛源头忽然消失了，身子一轻，仿佛附体的邪魔都被驱散了。谢天谢地，鳞片脱落了。

小弟之一发现了从我的眼角掉出的异物，说道：

"头儿，他竟把东西藏在这种地方！"

我手里竟攥着一张沾有泪水的微型 SIM 卡。

第七话　手术室

手术台放置在房间的中央。这个房间与普通病房的不同之处，在于照明灯的数量之多，手术台与不锈钢的手术器械反射着无数灯光。手术台周围无比明亮，但肯定不会有光线直射入眼，中央装了一圈无影灯，连操刀医生的影子都被它抹去了。还没有人进来，但这里迟早会化作战场。我对此深信不疑，深吸一口气，呆立无语。

这次演的是医生。

最近医疗剧层出不穷,穿白大褂的机会也明显增加了。可以确定的是,医疗剧的片场并不是一个教人愉快的地方。毕竟性命攸关,而且台词尤其难背。频频出现成串的片假名就不用说了,无法靠意思记忆的单词更是比比皆是,措辞又格外拗口。有一次,我被"多切除切除术"一词折磨得死去活来。情势越紧张,"多切除切除术"听起来就越像幼儿的奶腔奶调。

但今天拍的是手术的场景。巨大的口罩挡住了嘴。哪怕我说成了"切粗素",只要搭戏的演员不笑场,就能靠后期配音救回来。

手术室的自动门悄然开启,患者被人用担架抬了进来。四名护士和一名护士助理将患者顺利转移到手术台上。那是位看起来年过古稀、戴着呼吸机的老妇人。众人各就各位,确认病历,贴心电图电极,准备器具,忙得不可开交。我的紧张感也随之自然上升。那么,我扮演的是哪个科室的操刀医生呢?

门再次开启,三名穿着手术服的医师助手走了进来。这是一台需要八个人完成的大手术。也就是说,我们之中必然有一位麻醉医师。为患者全麻的时候,他要在枕边守着监护仪,视情况推入药剂。乍看不甚起眼,却是手术团队不可或缺的一员,台词和动作很少。还记得我在一部讲护士的作品中演过麻醉医师,很是无聊。

另外两个是助手。我只能看到他们的眼睛,却认出其中之一是某偶像团体的当红明星。那可是连我都认识的演员,看来与他的互动应该是这场戏的核心部分。

我缓缓走到手术台的患者身边,正要宣布手术开始,偶像却把我推到一旁,抢了那句关键的台词。

"开始。"

姑且后退一步,让年轻演员出出风头吧。不过偶像君,你是说不利索"手術"(shujutsu),所以把剧本改成了"オペ"（ope）吧。*今天就算了，下次还是在家多练练再来吧。

麻醉师发出信号，手术正式开始。偶像君和助手一起着手进行开腹手术。手部特写是后拍的，所以面部表情非常重要。那额头冒汗的模样显得分外认真。

但是按剧本的设定，大概要不了多久，两位年轻人就会面临极其困难的局面，无力挽救，只能向我这个教授求助。错不了。好吧，既然会有这么一出，那我就站在你们背后看着吧，直到合适的时机到来。想到镜头可能会时不时转过来，我在心中暗暗起誓，决不能放松大意。

我观察着患者的状态，温柔地俯视摘下了呼吸器的老妇人。她本该做了全身麻醉，面容却不时因痛苦而扭曲。莫非她在混沌的意识中梦见了什么？

---

* 此处两个词都是"手术"的意思，前面是汉语词，后面是外来语"オペレーション"的缩写"オペ"，前者发音比较难。

忽然，她那紧闭的眼皮徐徐睁开。睁大的双眼牢牢锁定了我。

"阿爹。"

我简直不敢相信自己的耳朵。她误以为我是她的父亲，也不知道她说的是哪里的方言。她肯定在枕边看到了父亲的幻影。如果我当即否认，怕是会伤了她的心。

"怎么了？"说着，我伸出手朝她靠近，却突然发现自己穿着的并不是手术服，不由得一惊。天哪，我竟然穿着农民下地干活的衣裳。我既不是医生，也不是教授。从刚才到现在，我待在这里究竟是为了什么？

与此同时，我被钢索吊上了天花板。这令我确信，这次的角色早已不属于人世。

"阿爹。"

自那一刻起，场景的切换一气呵成。我被工作人员带去了另一处场地。他们引导我走进设在布景边的巨大花圃，让我拿着锄头站在那里。

刚才扮演患者的老妇人则被送上了一艘看起来像船的玩意儿，朝我缓缓靠近。

"阿爹。"

冥河在眼前流淌。

"你还不能过来！别来！"

这句话脱口而出，不过这貌似就是正确答案。只见她在工作人员的搀扶下走下了船，赶回刚刚离开的手术室布景。

"卡！"

"辛苦了！"副导演如此说道，于是我便放下了锄头。正当我恍恍惚惚地看着那些用作大道具的花朵出神时,一位女工作人员冷冷地告诉我:"您要是喜欢就带回去吧,反正也没用了。"

我决定就这么穿着下地干活的衣服,摘些开得正好的花儿回家。

第八话　复仇

影视基地的化妆间里有一面横放的细长镜子，大约15米长。今天参演古装剧的演员在镜子跟前一字排开。梳头师傅们忙着给每个人配假发，扎起发髻。不管是哪部作品，也无所谓故事发生在什么年代，水户黄门、远山金四郎、大石内藏助都得排排坐。*

我也在头上垫了纯白纺绸，戴上中剃[†]假发去了服

---

*　水户黄门即德川光圀，江户时代的大名、学者、历史学家、水户藩第二代藩主。远山金四郎是江户时代的奉行，以行侠仗义闻名。大石内藏助是日本家喻户晓的元禄赤穗事件的主人公。
†　指剃去头顶部分的头发，便于梳大银杏髻。

装室。分配给我的戏服颇为豪华，套了一层又一层，看来我扮演的是身份相当高贵的武士。

我去演员会馆的演员后勤部窗口领取了午餐便当，付了840日元。且不论这便当是昂贵还是便宜，顶着这身装扮走进星巴克终究是有些难度的，我别无选择。我拿了一把放在楼梯下方储物间里的折叠椅，带着便当走向外景车。

车里都是男人，而且都是武士，穿着商人、工匠戏服的是一个都没有。接下来要拍摄的显然是战场戏，紧张感笼罩着车厢。

我把便当放在行李架上。便当得在车上一直放到午饭时间，所以安置地点必须慎重选择。现在是冬天，问题不是很大，可要是夏天，没选对放便当的地方就有可能导致饭菜变质。之所以对此深有体会，是因为我曾眼睁睁看着便当的米粒牵出丝来，好不悲惨。

座无虚席的大巴缓缓驶出影视基地，在路口左转。这是要往哪儿去？我已经对京都的地理有了些粗浅的了解。大巴带着一车的武士发髻摇摇晃晃，往京都的中心驶去。

坐在面前的两个武士的对话飘进了我的耳朵里。他们用京都方言埋怨道，这三天净拍跑步的戏了，搞得下半身颇是疲劳。从姬路城跑到京都，路途遥远。饰演羽柴秀吉的演员为大家准备了运动饮料，可区区几瓶饮料又顶什么用呢。

这么看来，他们拍的应该是中国大返还*。那是一起著名的历史事件，秀吉为了给主公织田信长报仇，迅速与正在交战的毛利氏议和，短短三天便将大军拉回了京都近郊。当然，同乘一辆车的京都龙套演员们不一定每天都演同一部片子，但我确信自己将要拍摄的作品讲的是战国时期的故事。

---

* 天正十年六月（1582年6月），于备中高松城作战的羽柴秀吉得知主君织田信长遭遇本能寺之变，迅速与毛利氏议和，命令军队抛弃所有辎重轻装出阵，以最快的速度返回京都缴讨明智光秀，最终在短短数日内急行军200余公里，奠定胜局。此事也是羽柴秀吉取代织田信长成为日本战国霸主的起点。

大巴开过二条城，沿着御池大街朝鸭川方向驶去。乌丸周边相当繁华，应该不会在这里拍摄外景。然而，眼看着大巴在红绿灯处缓缓右转。趁着大巴停下的时候向左望去，出现在眼前的分明是本能寺。

错不了。这是要拍本能寺之变。

大巴停了一会儿，但很快便再次发动了。据说外景地安排在离这儿很近的另一个地方。行吧，已经没什么好挑剔的了。我向决战的舞台本能寺鞠了一躬。

意识到今天要拍摄的是本能寺之变后，我又琢磨起来。我演的是哪个角色呢？二选一。

织田信长，还是明智光秀？

反正肯定不是兰丸*。是哪一个都无所谓，演哪一个我都心满意足。从戏服判断，我肯定不是无名小卒。

---

* 指森兰丸，信长的小姓，也就是侍童，相传长相俊美。

下车后,视野中出现了一辆美术组的卡车,演员要去那里领取各种小道具。我正排着队,工作人员却过来催,让我什么都不要带,直接进布景。如果我扮演的是发动袭击的光秀,铠甲与武器防具肯定少不了。毫无疑问,我是织田信长。

在古往今来的各类影视作品中,信长这个角色被许多著名的演员扮演过。这部作品竟偏偏从他的结局拍起,这未免有些不合理,但我还是激动得发抖,早早背诵起了辞世之句。

各种作品中的本能寺之变掠过脑海。那么在这部作品中,信长是跳着能舞赴死的,还是在手执长枪搏斗时被人斩杀的,或者是在火中平静地切腹自尽?无论如何,最后都取决于导演想要如何演绎。我在副导演的催促下走进正殿的卧房。

片刻后,场记板响起,拍摄正式开始。宅子的周围一阵喧哗,四处都响起了通报敌人来袭的喊声,好像还起火了。被窝中的我站起身来,摆出警戒的姿势。

这时，森兰丸冲了进来，说有刺客。我十分冷静，带着下定决心的表情说道：

"是光秀的人？"

兰丸一脸茫然。他愣了片刻，然后催我赶紧逃跑。我都做好了在这里表演一段能舞的准备，但导演貌似不打算这么拍。兰丸拉着我的手冲了出去。我心想，兰丸可能会在这个时候递长枪过来，便静静闭上眼睛，伸出了手，谁知他竟递过来一身女装，让我穿上。这导演可真有个性，是让我换上女装跳舞吗？倒是有点意思。

换好衣服之后，兰丸又拽着我的手走了一路，让我躲进一间小库房。这也太夸张了，根本不存在这样的史实。

"休得胡闹，森兰丸。"

兰丸很是无语地盯着我看，试图把我推进库房。

我自是激烈反抗，谁知他的帮手现身了。我定睛一看，竟是一身便服的副导演。"快进去吧，马上就开始了。"我听得一头雾水，却只能照办，就这么被关进了堆满木炭和垃圾的狭小库房。由于之前挣扎得太厉害，此刻我已是浑身大汗。脸上还沾了炭灰，一塌糊涂，假发也被弄乱了。谁见过这样的信长啊。得在开演前找化妆师来弄一弄啊。不过话说回来，这身衣服又是怎么回事？古装片里怎么会有荧光粉色的衣服啊，简直离谱。服装师！服装师在哪里？！

哗啦！库房的门开了。今天早上在化妆室见过的那位扮成大石内藏助的 S 君高声喊道：

"吉良大人，受死吧！"*

---

* 吉良即忠臣藏事件中忠心义士复仇的对象，历史中的吉良躲在厨房边的柴火房中。本文的主人公以为自己要拍本能寺之变，其实是要拍忠臣藏事件。

第九话　日薪

依靠地图的指引,我在出站后沿路直奔正北方向。从我家到今天的片场,单程要两个小时。好在只拍一天,如果连着好几天如此奔波,那可就太辛苦了。过了国道,住宅就变得稀疏起来。路边尽是空地和农田组成的恬静风光,连家便利店都看不到。早知如此,就该在车站跟前买点东西的,可惜我没有多余的时间赶回去。视野中出现了自动售货机,于是我姑且买了茶和咖啡,塞进包里。

再往前走一段,便来到了地图上标出的地点。那地方看起来像是大型建筑工地。高空吊车正把各种设备吊进工地。看来今天的拍摄规模很大，要用到特殊器材。切记安全第一，不要受伤。

我环视四周，寻找外景车和剧组员工，却没找到看起来与剧组有关的车辆和人员。地图上写着演员后勤部女文员的手机号码，我试着打过去，却没有打通。绕了一圈之后，我只能站在看起来像入口的地方发呆。就在这时，我看见几个工作人员卸下了卡车上的集装箱，搬进工地，不知道他们是照明组的还是美术组的。我对他们打了招呼，他们也回礼了，看来是这个入口没错。头顶的牌子上分明写着"大林组"*。毫无疑问，这就是今天的片场。

人们习惯以导演的姓氏加一个"组"字来称呼电影剧组，也不知道这个习惯是什么时候形成的。摄影棚的入口一般会挂上"黑泽组""北野组"字样的牌子。这倒不是为了效仿反社会势力，不过以导演为顶点的

---

* 日本五大综合建设公司之一。

剧组体制确实与黑社会组织有那么几分相似。*

不过话说回来，原来今天要进的是"大林组"。我与大林宣彦导演有过一次合作。他的性格豁达而温和，作品则是大胆而浑厚。在北海道拍摄外景的时候，剧组的气氛就跟集训宿舍似的，回想起来尽是快乐的片段。不对，等等。大林导演应该在前些时候去世了啊。也就是说，这次要合作的是另一位大林导演。我不禁为自己的草率汗颜，幸好及时反应了过来。

刚走进入口，守在那儿的保安便让我戴上安全帽。我说我没有安全帽，他便去休息室拿了一项过来借给我用。如果戴得太深，头发和脸上会留下印子，于是我便把安全帽斜扣在头上，戴得浅浅的，结果被保安一通训斥。

我没找到演员休息室和化妆室。到处都是扮演工

---

* 日本黑帮的名字一般也是"××组"，所以听到"组"的时候，人们往往会联想到黑帮。

人的群演，分不清谁才是真正的剧组工作人员。

一个穿着工作服，安全帽上有三条杠的人正在大声发号施令。我心想，他可能是首席副导演，便上前搭话。结果他说时间到了，让我先去那边排队。

回头一看，只见工作人员与群演纷纷走向一片空地。我连忙把行李撂在角落，加入他们的队伍。我环顾四周，试图找出几个面熟的演员，谁知他们都完美融入了工人打扮的群演，全然不见踪影。

就在这时，大家慢悠悠地做起了广播操。我还是第一次碰到在开拍前集体做热身运动的剧组。不过大家都是一副驾轻就熟的样子，相互之间拉开一定的距离，开始活动手脚。上一次做广播操大概还是上小学的时候，但我竟然还记得做法。我就这么跟着前面那位穿着灯笼裤的矮个大叔，一鼓作气做到了最后的深呼吸。

之后，副导演走上讲台，举起扩音喇叭传达今天的拍摄计划。奈何他的语速太快，喇叭也不太好使，我压根没听清他在说什么。再说了，演员本就不需要参加工作人员的会议。我不禁暗暗着急，心想得赶紧开始化妆，否则安全帽的印子就消不掉了。

听不清的会总算开完了，工作人员与群演四散而去。我觉得应该先去和导演打声招呼，便找副导演打听导演身在何处。

"请问大林导演（监督）在哪儿？"*

副导演盯着我的脸，愣在原地。片刻后，他回答道："我就是现场监工（监督）。"可他胸前的名牌上分明写着"谷崎"。于是我又问，这里是谷崎组吗？他一脸茫然地回答，"我是大林组的工地监工谷崎。"算了，跟这人是说不通了。还现场监督呢，我从没听说过这种职位。我问他该去哪儿换衣服，他抬起下巴给了个方向。

---

* 在日语中，导演与监工都称"监督"，所以才会有下文的误会。

那里没有化妆室，也没有更衣室，唯有摆着一排储物柜的空间。我呆若木鸡，不知所措。到底该怎么办呢？

就在这时，一个看起来和我年龄相仿的壮实工人叫住了我。"咦，你是就来一天的人？"当然，我早已得知这次外景只需一天就可以拍完，于是回答"是的"。他便催促道，不用换衣服，赶紧跟我来。无奈之下，我只好穿着便装，戴着安全帽跟他走。

我明白了，这位大林导演大概比较注重临场感与现场的氛围，想采用纪录片的拍摄手法。走在我前面的那位也看不出是演员还是正牌工人。既然方针已经敲定了，我也就有了方向。穿便装，不化妆，尽量以自然的状态跟着他完成工作吧，无论摄像机从哪个角度拍，都要做到无懈可击。

壮实的工人是位石匠，负责将石材贴在楼房的外墙上。不过他的技术水平极高，着实训练有素。我给他打了一天的下手，时而按住石材，时而调配水泥，休息的时候还跑去帮他买果汁。举手投足尽量自然，不去关注摄像机的存在。中午也与他一起吃饭聊天。我不认识他，不过他是一位出色的演员，演技十分自然。我为不知道他的名字深感惭愧。

五点整，铃声响起，众人停手。虽然没听见场记板的响声，但拍摄工作应该到此为止了。我们互道"辛苦了"，还握了手。然后，他缓缓递来一个茶色信封。

"里面有一张纸，在上面签个名吧。"

且不论用词是否礼貌，他的表情倒是带着几分羞怯。行吧，小事一桩。

打开信封一看，里头竟装着万元大钞和收据。

最终话　单人牢房

三面白墙映入眼帘，没有窗户。房间大概六张榻榻米大，附设没有隔断的开放式厕所，足见这个空间是多么异样。剩下的一面墙装着铁栅栏，不难想象这里绝对是牢房。牢房中只关着我一个，看不到别人存在的痕迹，看来这是一间单人牢房。我被换上了深灰色的工作服，胸前缝着"E2045"字样的号码布。铁栅栏外是一条走廊，附近好像没有其他牢房。

我扮演的角色貌似是囚犯。

这里是拘留所、看守所,还是监狱?

如果这里是警署内部,我又是刚刚被捕,那就是片区警署的拘留所。但拘留所应该没有单人间。如果我已经被起诉了,正在等待判决,那就是看守所。如果判决下来了,刑期也确定了,那就是监狱。看守所和监狱都有多人间和单人间,问题是我扮演的角色究竟是怎么进来的呢?

"呃……有人吗?"

我琢磨起了角色的罪状。是轻罪还是谋杀?是咸猪手还是抢劫便利店?这决定了我要如何演绎这个角色。会不会是冤假错案?也许我是个蒙冤入狱的无辜市民。说不定是个被扣上政治犯嫌疑的天才科学家。

"不管你是谁,听见了就回一声啊。"

刑期也令我好奇。是马上就能重获自由,还是被判处了终身监禁或死刑?是带强制劳改的徒刑还是监禁刑？*

算了。反正再过一会儿就会有狱警过来，启动剧情。户外的光亮照不进来，感觉不出现在是什么时候，不过应该快到饭点了。墙上并没有大小合适的送饭口，狱警要怎么把饭送进来呢？

就在这时，我发现墙上伸出了两根奇怪的吸管。伸手摸了摸，发现水从其中一根流了出来。看来只要我用嘴吸，就可以喝到水。另一根吸管则流出了貌似流食的东西。总不会是让我吃这个吧？脑海中生出了强烈的抵触。

"就没有正常的饭菜吗？"

话说回来，狱警怎么还不来。

---

* 徒刑在拘禁的同时要强制劳动，而监禁刑则仅限于拘禁，不强制劳动。

我算是明白了,这是一座极不人道的收容所,牢房的结构颇具未来感。那么,这部作品的剧情会怎样展开呢?我开始想象下一个场景。

说起监狱,隔着玻璃的探监戏必不可少。想见我的应该是我的家人,或者是律师,也可能是我的支持者。报社记者找过来的可能性也是存在的。

记者问道,你能不能只对我如实相告?我回答,我是无辜的,我手里有揭露政府阴谋的文件,希望可以托付给你。我在狱警的眼皮底下偷偷递给他一张微型芯片。牢不可摧的友谊。我构思起了各种细节。

"喂——"

狱警还不来。

也许我扮演的是死刑犯,惧怕着行刑之日的到来。脚步声悄然接近,停在我的房门口。来人打开门锁,用平静的语气让我出来。他身边站着一个牧师打扮的教诲师*。我下定决心，盯着他们，试图站起来，双腿却不住地颤抖，难以站稳。

狱警架着我的双臂，缓缓走过悠长的走廊。他们问我，你还有什么未了的心愿吗？我回答，我想成为贝壳†。老套到让人无语。

"喂——喂——"

狱警还是不见踪影。

比方说，我是人称"越狱王"的传奇囚犯，在数次越狱后被关进了监狱为重树威望精心打造的这间单人牢房。但我没有轻言放弃。我吞下吸管中的流食，再把食物呕出来，将那些混有胃液的强酸性呕吐物抹在铁栅栏上。几年后，我卸下了被腐蚀的栅栏，成功

---

* 在监狱里教导犯人悔过自新、修身养性的人，一般由宗教人士担任。
† 加藤哲太郎有同名小说《我想成为贝壳》，曾多次被改编为影视剧。作品讲述了高知县理发店老板清水丰松在战争期间被强行征召入伍，战后因在军队服役时曾听从上司的指令杀害美军士兵而被捕，最后被处以死刑的故事。

完成人生中的第八次越狱。我又不是巴比龙*。

"喂——喂——喂——"

这里到底有没有狱警?

渐渐地,我也懒得继续琢磨自己的角色了。我甚至开始怀疑这一切到底是不是发生在戏里了。见不到一个人,也不知道过去了多少天。独自演绎的序列长镜头†固然必要,可孤独也得建立在与他人的关系上啊。

咚咚咚。我敲了敲墙。

---

* 《巴比龙》是富兰克林·沙夫纳执导,史蒂夫·麦奎因、达斯汀·霍夫曼主演的传记犯罪类电影。主要讲述了一名因冤入狱囚禁于恶魔岛上的犯人一次又一次地逃狱,经过十多年,他头发已白,但仍孤注一掷地抱着一袋椰壳跳下大海逃生的故事。巴比龙是男主的绰号,得名于他胸前的蝴蝶形文身。
† 长镜头拍摄手法之一,在不剪辑的前提下连续不断地将一个完整的镜头片段记录下来,再现事件发展的真实过程和真实的现场氛围。

时间一分一秒地过去，搭戏的演员迟迟没有出现，场景设定毫无变化，观众和镜头也不见踪影。我此刻的处境近乎虚无。

是虚无，而非空洞。虚无，无法催生出任何东西。

"听得见我说话吗？喂——"

什么都听不到。

我扮演这个角色是为了什么？是为了自己吗？不，应该不是的。是为了别人吗？不，我也没有那么崇高的心境。我是被人安在这个角色上的，不，别推卸责任。为了钱？这个问题可真难回答。

敲墙，敲墙。

手上渗出了鲜血。

"等待戈多。"*

哪怕是这出戏,也得有弗拉季米尔和爱斯特拉冈这两个角色才能成立啊。

无声。

独处变得越发难耐。

无声。

如果人体有停止思考的功能就好了,可即便置身于虚无之中,大脑的思维依然运转不止。那些思绪已不再是可以用语言表达出来的逻辑,而是渐成近乎诅咒的谵言。不,是愚者,我是愚者。

---

* 《等待戈多》是爱尔兰现代主义剧作家塞缪尔·贝克特的两幕悲喜剧,1953 年首演。该剧表现了"什么也没有发生,谁也没有来,谁也没有去"的悲剧。作品着重表现人的心态、心理活动过程以及人的心理活动障碍。作品中的人物没有鲜明的性格,作品没有连贯的故事情节。

"来人啊,送我上绞刑架吧!"

哒哒,哒哒。

脚步声传来。
哒哒,哒哒。脚步声越来越近了。

求你了,别停下,快现身吧。

哒哒,是男人的脚步声。哒哒,而且身材高大。

哒哒,我通过传入耳中的声响搜集各种信息。

哒哒,巨大的影子进入视野。

哒哒,来人在我跟前站住。

片刻后……场记板响了。

尾声　炖青花鱼

　　在京都站上地铁,坐到第三站乌丸御池下车。上台阶,从二号出口出站,灿烂的春光甚是炫目。走到第一条小巷右转,沿押小路大街往左走,便能很快找到那家店。这会儿已经一点多了,希望他们家的午市饭菜还没卖完。门帘还挂着,看来我是赶上了。*店员让我坐吧台的空位,我便过去坐下。有当日套餐和炖青花鱼套餐可选,我毫不犹豫地选了后者。一杯热乎的焙茶下肚,稍稍喘口气。

---

*　卸下门帘代表打烊。

这家店原本开在四条大宫。面积很小，只有五个吧台座。招牌上不过"鲭煮*一嬉"四字，里里外外只有一位大婶张罗。路过店门口好几次之后，我便产生了好奇，决定进去瞧瞧，自那时起，我便被这家店的青花鱼迷住了。店里只提供罐装啤酒，所以不能久留，不过与大婶的闲聊为不甚习惯的京都生活增添了几分温馨。

谁知铺面的所在地遭遇强拆，害得大婶走投无路，所幸最后得以转战儿子开的餐馆，只在午餐时间营业。我也算保住了这份口福，时不时跑来乌丸御池这边吃午餐。如今大婶已经退休了，但她坚持在家做青花鱼，做好了再送到店里。

我一边夹着炖得乌黑的青花鱼，一边恍恍惚惚地琢磨。

在那间单人牢房的时候，我最后听到的场记板的声音是怎么回事？

---

* 鲭煮即炖青花鱼。

场记板。它是影视剧片场不可或缺的工具之一，但很多人恐怕并不清楚它是用来干什么的吧。拿场记板的大多是排第四、第五的副导演，比新人的级别稍微高一点。他要用粉笔在黑板部分写上这是哪场戏的哪个镜头的第几条。然后在拍摄的开始和结束，他要在镜头前打一下板子。在摄影机录下打板动作的同时，录音组的磁带（现在当然已经不用磁带了）也会录到"啪"的响声。要是画面和声音的头尾对不上，到了编辑阶段就会有大麻烦。

还有一点很关键。当一个镜头拍完时，必须快速连打两下场记板。

连打两下还挺难的，新上岗的副导演得把场记板带回家多加练习。想当年，在片场犯了错误搞不好是要挨揍的，打场记板自然也得拼命。

那时，我最后听到的"啪"是一下还是两下？
那声音代表的是开始，还是结束？

我找不到这个问题的答案，就这么浑浑噩噩晃到了京都。此刻我甚至记不清自己来京都是做什么的,只有眼前的炖青花鱼是真实的,其他的仿佛都成了幻影。也许我已经被处决了,不过是出窍的灵魂跑来这里吃鱼而已。

我试着嚼了两下。唯有味觉持续刺激着我的大脑,如此真实。

嚼一嚼,品一品滋味,咽下去。用筷子夹起一块,送到嘴里,接着嚼。

"那次是响了一下吧。"某人的声音传来。

"那时只响了一下吧。"

回头望去,只见先前在公交车上偶遇的那位老人正在享用午市套餐。

我惊得哑口无言,老人却继续说道:"还记得我吗?很久以前,我在公交车上跟你聊过一会儿的。哎呀，好久不见啦，你最近真是大显身手呀……"

我还是分不清他是老爷子还是老奶奶，不过人有精神比什么都强。

"跟小哥好久不见了，上来就问这个是有些唐突，不过那次是响了一下吧。"

我不知道他在说什么，但还是听了下去。

"那是多少年前来着，在公交车上遇到你之后啊，我就回家查了查你的名字。从那时起啊，只要是你演的电视剧和电影，我都会看看。你演的东西可真多，一部一部看过来也挺费劲的呢。哦，对了，前几天的那个'单人牢房'，真不错啊，看得我都捏了把汗呢。明明是电视剧，却让观众选结局，这拍法也新鲜得很啊。我按了红色的按钮，就是遥控器上的。因为我不希望它就那么结束啊。所以我按的是'一次'那个选项。"

我倒是听说过有双结局的电视剧，却没想到那部作品就安排了两个结局。看来老人认为场记板只响了一下。

如果真是那样的话,那就意味着我还是一个演员,来京都也是为了拍戏。我翻了翻放在脚边带的包,找到了两份剧本。

"你一会儿还要去拍戏吧?这个季节的京都可美了。哪天放了假,再来寺里坐坐吧。啊,对了……"

他好像在找什么东西,但最后还是放弃了,把面前的筷子套和问店员借的圆珠笔递给我说道:"帮我签个名,留个纪念吧。"

"好说。"

我将平那沾了点酱油的筷子套,把它竖起来,正要动笔。

"抬头怎么写?"

老人回答道：

"弥勒。哦，写片假名就行。"

演者戏言

对供述影响巨大，
甚至改变了剧本设定的美味佳肴

像我这种常年混迹于剧组的演员啊，包里一年到头都装着刑警或者黑帮成员的剧本，有时还会混进医生或律师的剧本换换胃口，无休止的重复。我并不讨厌这两种角色，只是演多了难免会觉得腻。

那我是想演爱情片跟英雄片吗？倒也不是。毕竟年龄摆在那里。可悲的是，我在适合演那种角色的年纪总也接不到戏，所以压根不知道该怎么演。

论频率，我在这几种拿手角色里演得最多的就是刑警了。每年有一半的时间，戏服口袋里是装着警察证的。

问题是啊，普通人平时几乎见不到在任的刑警不是吗？退休刑警还有可能以"警察指导"的名义来片场，可是在任的刑警哪有机会见啊。要是有人组织一场刑警演员联欢会，我肯定第一个报名参加。我有好多问题想请教他们啊。但他们肯定有保密义务，很多事情不能说，口风大概也很紧。要是因为玩过火了被当场逮捕，那多难堪啊。

　　刑警的角色也是五花八门。好刑警和坏刑警、热血刑警和老资格刑警、人情派知性派、行动派窗边派*、比黑帮更危险的暴力团专业户、只在搜查会议上做汇报的刑警、刚出场就殉职的刑警、跟剧情没有直接关系的刑警……啊，对，这些我都演过。现在回想起那汇集了各种刑警短片的电影盛会"刑警节"，只觉得分外怀念。

---

*　来源于"窗边族"，指在职场内不受重用的人。因为这类人员的办公座位常被安排在窗边角落位置而得名。

那就切入正题吧。我已经当了30多年的架空刑警,却至今没有请疑犯吃过所谓的审讯室标配——猪排饭。

哪怕是演嫌犯的时候,我也没吃过一碗。据说请疑犯吃猪排饭算利益输出,现在是被明令禁止的行为。

漫长的审讯渐入佳境。刑警缓缓端出一个碗,打开盖子,只见猪排优雅地裹着半熟的鸡蛋和脆皮,热气腾腾。周围点缀着黄褐色的洋葱,顶上撒了几颗绿色小豆,倍显斯文。那不是神圣庄严的猪排饭还能是什么?

想象一下咬住猪排的感觉。最先撩拨感官的便是猪肉的肥油,酱汁不甜不够味。醇厚温润的酱油,吸饱肉汁的脆皮。然后是肉。还有饭饭饭。往嘴里扒。咀嚼。咀嚼。

"导演,吃了这个肯定要忍不住招认的,所以我不吃。要不然就把设定改成我吃了以后坦白从宽吧?"

便利店的半份猪排饭

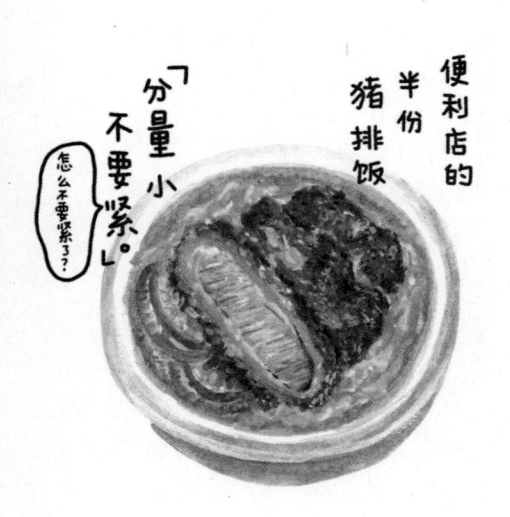

「分量小不要紧。」

怎么不要紧了?

给前一天狂吃大蒜的人送终，感觉如何？

　　我杀过几次人？不，应该这么问——我死过多少次了？

　　在同一部作品中杀好几个人还是有可能的，但你不可能在同一部作品中死两次。啊，如果演僵尸的话，那还是有可能的。所以我是杀人的次数更多。呵呵。

　　无论是电影、电视剧还是话剧，带有"死亡"元素的作品都不在少数。不，应该是相当多。

　　不管是什么样的作品，不管你演的是医生还是律师，在拍摄或排练前，一般都会有实际从事这种工作的人提供专业的技术指导。

问题是，世上不存在以杀人犯或被害人为本职工作的人。呃，其实是有的。可职业杀手和有过濒死经历的人是不会来片场指导的啊。换句话说，演这种角色是没人教的，全靠想象力。

杀人还好，无论是现代剧还是古装剧，都有武术指导帮着提供思路。可是没有人会教你怎么死啊。捅死、勒死、毒死、炸死……还有各种自杀。我到底该怎么死呢？

不过，老电影里的那种夸张死法会显得不太真实。可你要我演得自然些，我也头疼该怎么演啊。嗯。

说起头疼，还有一个令人头疼的问题，那就是"睁眼死还是闭眼死"。这也得跟导演提前商量好。

另外，如果死后的戏份很长的话，要怎么呼吸？要找摄影导演确认一下，看看焦点会不会对在腹部。确认好以后，再用戏服遮一遮，用腹式呼吸，慢慢来。

别动,否则她就白哭了。

话说不久前,我在某美食剧中被迫吃了很多用大蒜做的菜。工作人员吓唬我说:"明天一整天都会有味道的,要不要紧啊?"

我半开玩笑道:"反正明天没吻戏。"话音刚落,却猛然想起……第二天要拍大河剧,好像一大早就是我临终的戏吧。

翻开剧本一看,那场戏是三个美女给我送终,还有几句台词。我想尽了办法,可就是去不掉那股气味。苍天啊,我只能憋着气说完台词,憋着气死透,憋得我眼泪都出来了。

可是再难受也不能动啊。否则三位佳人的眼泪就白流了。

北海道的春季山菜，用酱油腌制的行者蒜。营养丰富又美味，就是那气味经久不散……

在困意袭来的午后，
咖喱赶跑了塞满脑袋的起诉书

万幸的是，我活到了这个年纪还从来没被人起诉过，遇到再生气的事情，也没有闹上过法庭。

然而，作为一名演员，庭审题材的影视剧肯定是绕不过去的。我演过律师、检察官，有时也扮演法官、旁听群众，甚至法警。

法庭戏没有大幅度的动作，情节靠你来我往的台词展开。用最后的 15 分钟左右解谜，然后画上圆满的句号，应该是比较常见的套路吧。不过我在这儿胡说八道，搞不好会惹编剧老师生气。

在讲律师的电视剧里，敌对方的检察官往往要在开头一气呵成地讲一大段台词，将主角逼入绝境。如果是讲检察官的电视剧，那就是敌对方的律师先发动攻势。我这个反派专业户啊，就经常要背这种长篇大论的台词。

那叫一个难背啊。嫌疑人的名字、被害人的名字、目击证人的名字，都是些专有名词。还有案发现场的地名、凶器的名称、日期和时间的数字……

我必须滔滔不绝地朗诵出这些完全无关情绪的台词。

不过嘛，因为主角要在后半段解谜的，所以压力也不全在反派这儿。

话说很久以前，我要参演一部讲庭审的电视剧，为了提前做功课，我便去法庭旁听了。早上去法院，就能在门口看到一览表，知道今天要审理哪些案子，分别在哪个法庭进行。

但我又怕事后有凶神恶煞的人找上门来，说："那天你是不是来偷看了！"所以我刻意避开"凶杀"和"抢劫"，专挑危险系数相对较低的"猥亵"和"诈骗"

的法庭。

在实际的庭审中,没人会提前开嗓子的,所以大家说话都很小声。从宣读起诉书到盘问证人,全程嘀嘀咕咕,不管其他人听不听得清。连"反对"都说得很轻,根本听不见。

旁听没给我带来太多的参考,拍摄工作就这么开始了。那天,我扮演的检察官从一大早便说个不停,宣读起诉书,逼得被告无路可退。以检察官为主的戏份在上午拍完了,下午重点拍律师的戏。我松了口气,再加上一个早上什么东西都没吃,午餐时便心满意足地享用了外烩的咖喱,吃完还去打了第二份。

午休过后,我已是昏昏欲睡。副导演却说:"上午漏了几个镜头,检察官那场戏的开头要再来一次。"

啥?要重拍?饶了我吧,吃进去的咖喱已经吐不出来了啊。

塞满脑袋的不再是台词,而是咖喱。专有名词全都跑到九霄云外去了。

咖喱酱 ← 米饭 ↓

↑ 福神渍

吃咖喱的时候用勺子创造一个小小的咖喱世界。

在异国他乡成为异教徒的那一天，寿司与冰凉的浴缸

话说 30 多年前，我加入了蜷川幸雄的剧团，并有幸在入团第二年随团出国公演。演出地点是位于伦敦泰晤士河畔的英国国家剧院（The National Theatre），剧目是两场连演的《麦克白》和《美狄亚》。

那是我第一次出国旅行，自是满怀期待，于是便去了一趟新宿的纪伊国屋书店，来到旅行指南区。因为我打算在演出结束后开溜，独自在英国走走看看。

就在我站着翻阅英国旅行指南的时候，一位上了年纪的大婶突然开口对我说道："你要去英国吗？"

只怪我兴奋过头,想也不想便说什么我要去国家剧院演日语话剧了。大婶那段时间正好也在伦敦,表示"咱们在那边见一面吧,我请你吃饭"。我当时已经兴奋得昏了头,毫不犹豫地报出了自己的姓名。

当然,那时我还是一个名不见经传的新人,所以也没当真,以为人家是半开玩笑的,搞不好只是社交辞令。毕竟对话发生在纪伊国屋的书架前嘛。

谁知等我到了伦敦以后,那位大婶竟出现在了我们入住的酒店,也不知道她是怎么找过来的。"咱们去吃个寿司吧!"

当时我已经开始意识到英国没什么好吃的了,顾不上吃惊便一口答应。

在车上摇摇晃晃一个小时后,期待渐成担忧。

不知道为什么,下车的地方竟挂着一块写有日语的招牌。而且那分明是"教堂"二字。进门一看,果然是礼拜堂,还有一位看起来十分壮实的神父。

"吃饭前先受洗吧。"对方不容分说,让我脱掉衣服,裹上一块白布,踩进面前的浴缸。

完了，完了。满脑子都是"后悔"二字。可我必须让他们放我回酒店去，否则就赶不上晚上的正式演出了。这地方太远了，没法靠两条腿逃回去。苍天啊，就算我在这种情况下改变了信仰，佛祖和祖宗们也不会责怪的吧。

我下定决心，走进冰凉的浴缸。神父让我咏颂"哈利路亚"。我小声回答"哈利路亚"，他竟猛拍我的后背，仿佛是让我说大声点。

"哈利路亚，哈利路亚，哈利路亚，哈利路亚。"

洗礼顺利结束，他们又催着我去另一个房间。那里的确有"寿司"，不过是"散寿司"。而且还是北岛三郎宣传的那种。*

我就这样成了某种信徒，浑身冰凉地吃了英国最难吃的"寿司"。

---

* 将食材撒在寿司饭上，即为散寿司。著名演歌歌手北岛三郎曾为永谷园推出的散寿司调料演唱广告歌。

是先喜欢的吃起？还是把喜欢的留到最后？犹豫太久，最后只能就着鸡蛋烧吃剩下的寿司饭。

一手拿着薯片的沉默羔羊，
可惜纪念照已然不见

    师父蜷川幸雄老师在我入团的第二年就带我去参加了伦敦公演，这份恩情我铭记在心。知我囊中羞涩，他还送了一套自己的旧西装给我参加宴会时穿。不过嘛，那身衣服穿在我身上特别短。

    第一次出国旅行，在飞机下降时望向窗外，只见伦敦的街景金光闪闪。下机后，我们直奔泰晤士河畔的国家剧院。剧院有小、中、大三间分剧院，各分剧院每天都有不同的演出。我们将在中剧院"利泰尔顿"（Lyttelton）表演莎士比亚的话剧。台词当然是日语，还要穿战国时期的盔甲。

三间分剧院的休息室挤在一起,到处都是英国本地的演员。餐厅也是大家共用的,很有意思。饭菜非常难吃,只能睁一只眼闭一只眼了,毕竟这里是英国,唯一的特产就是炸鱼薯条。

剧院里还有"后台酒吧",演出结束后可以去那里喝上一杯。嗯……"后台酒吧",多么动听的词语啊。日本当然是没有的,嗯,没有没有。

那些天,我总是在演出结束后泡在酒吧里。看过我们演出的英国演员纷纷过来搭话。一声不吭就太没意思了。"Pardon"来"Pardon"去也不是个事儿。蹩脚的英语配合肢体语言,再用日语喊出莎士比亚的台词,硬是凭感觉跟人家打成了一片。啤酒加苏格兰威士忌,下酒零食是薯片。真开心啊……

一天,小剧场的主角来到了我们年轻演员的大休息室。大概是想和日本的年轻同行交流交流吧。那是个叫"安东尼某某"的话剧演员,可惜我不认识他。

还记得我当时嘀咕了一句:"我只认识博金斯*,霍普金斯?那是谁啊?"记得在合影的时候,我还一边和他握手一边说什么"再接再厉啊大叔",别提有多失礼了。毕竟我那时还是个休演日冲着约翰·莱登†去 Live House 听 P.I.L.(Public Image Limited)的朋克青年。那张合照也没有请人家多洗几张,所以我手头是没有的。事到如今,真是后悔都来不及了。

几年后,在电影《沉默的羔羊》中释放出强烈的气场,掀起一阵旋风的,正是当年的"安东尼某某"‡。

---

* 指安东尼·博金斯(Anthony Perkins),著名影星。
† John Lydon,英国歌手,性手枪乐队的主唱。
‡ 与作者合照的是《沉默的羔羊》的主演安东尼·霍普金斯(Anthony Hopkins)。

家里炸的薯片。

有的焦了
有的软了
但
很好吃。

要是有人问我长高的秘诀，那就姑且回答"多喝牛奶"吧

一下子跳回昭和时代的学生午餐吧。

在我这代人里，体验过那臭名昭著的脱脂奶粉的人已经很少了。可也不知是怎么的，我们小学的学生午餐偏偏有这种奶粉，那种诡异的味道简直难以言喻，还有扑鼻而来的恶臭。可要是没喝完吧，又要挨班主任的拳头，天理何在。

不过嘛，所幸是隔天喝一次，还能忍。没错，关键就在这儿。牛奶也是隔天一次。换句话说，只要今天捏着鼻子忍一忍，第二天就能喝到美味的牛奶了。

上了初中,将脱脂奶粉驱逐出境之后,我还是莫名地喜欢牛奶。冬天班里喝剩下的牛奶,都被我咕嘟咕嘟喝下肚,请假同学的那一份也咕嘟咕嘟喝下肚。同学K也喝得起劲。我们两个争着抢着喝牛奶,个子蹿得飞快。初三毕业时,我已经长到了187厘米,原本个子很小的K也超过了180。

拜牛奶所赐,我上大学的时候,身高就突破了190大关。万万没想到,我就这样开启了为衣服鞋子发愁的艰难人生。

上学的时候也就罢了,奈何在那个年代,专业演员个子太高是百害而无一利的。和搭戏的演员站在一起不协调不说,现成的戏服也不合身。我只能在简历上作假,把身高改成189厘米,而且试装的时候总会带上自己的西装。所以仔细观察我年轻时参演的作品,你就会发现到处都有穿着同一种颜色的双排扣西装扮演黑帮小流氓的我。

但古装剧的衣服没法自带,于是你便会看到我扮演的护卫穿着短得要命的和服裙裤,裤脚紧紧绑在膝盖以上的位置,连路都走不直。

随着时代的变迁,高个子的年轻演员越来越多,男女皆有。试装的时候,也能从各种服装中任意挑选了。

可惜春风得意的时期是如此短暂。话说年近半百的时候,我参演了一部电视剧。喊卡之后,搭档 A 老师立刻问道:"咦,你的身高是不是缩水了啊?"我跟他一样高,合作过很多次了。他竟说,感觉视线的位置比以前低了些。他貌似感觉到了只有身高相同的人才能捕捉到的异样。

起初我也没当回事,心想个子怎么会缩水呢。可后来有一次,我因为腰痛去看了骨科,为保险起见做了核磁共振检查。一查才知道,我的椎间盘磨损得很厉害,而且是好几处都有磨损。临走时,我量了下身高,工作人员报出的数字竟然是 187 厘米。当然,我还不至于就此跌出巨人族的行列,只不过沦落成了普通的巨人罢了。

在青春期之后，我便戒了牛奶，生怕个子长得太高不好办。最近却养成了热些牛奶，睡前细细品味的习惯。边喝边在心中默念，可不能再缩水了啊。

热牛奶的那层「膜」。

用筷子捞起来，细细品味。

小时候可不爱吃了

寸头初中生
在雷鬼和朋克之间徘徊摇摆

初中男生一律剃成寸头，长度不超过 1.5 厘米——我成长在这样一个时代。头顶光光的初中男生穿着好看的衣服，除了校服，就只有"运动装"了。

所以看电影的时候，去美仕唐纳滋喝茶聊天的时候，鬼冢虎的运动装都是当仁不让的正装。升上高中以后，因为柔道队也要求留寸头，所以运动装还是运动装，最多就是牌子换成了阿迪达斯。穿一套红色的运动装去中洲的电影院，红着脸喝那难吸的麦当劳奶昔。

清一色的寸头。都怪这旧社会的陋习，我在宝贵的青春期几乎天天靠"三条线"的运动裤解决穿搭问题。好容易留长了头发，却不知道穿什么衣服上街了。对时尚的渴望却是与日俱增。

进入东京的大学，我终于留起了头发，却不禁愕然，因为长出来的头发并不是笔直的。

"卷毛"，写成文字，都带着几分令人作呕的感觉。"天然卷"、"小池"（藤子不二雄老师漫画中的人物）、"阴毛头"。只能咬牙忍着。

我向往朋克摇滚，可是顶着光溜溜的脑袋实在不像样。苍蝇被困在头顶逃不出去，嗡嗡作响。剃着寸头的我根本无法想象这样的未来。

即便如此，我还是硬撑着留长了头发，结果就成了"天然爆炸头"，捻一捻，便成了"天然脏辫"。"卷毛矫正"这几个字蒙蔽了我的双眼，害得我在美发厅花了足足三万做拉直，谁知一洗头，就又变回了雷鬼小哥。

看到这儿，你是不是这么想的？——发质这么尴尬，亏你当得了演员。可不是嘛！这盆栽头堪比干湿计，体积会随着当天的天气变化时增时减的，没法交给化妆师打理。去片场时，我总是随身携带三大神器：卷发吹风机、卷发梳和秘制发蜡。综合考虑外景地的环境、今后的天气、会不会刮风、会不会出汗等因素，打造出适合角色的发型。由于这项工作太过费神，白发也是与日俱增。细细想来，真亏我能顶着一头如此难搞的头发在这一行摸爬滚打几十年。

不过最近，我为了某部作品停了染发，眼看着头发几乎全变白了。更让我惊讶的是，那些白发居然是直的。

现在才变直未免太晚，但我觉得这样也不错。到了这个年纪，从鲍勃·马利*变身为席德·维瑟斯†，做个穿三条线运动裤出门的放浪老人也未尝不可。

---

* Bob Marley，牙买加唱作歌手，雷鬼乐鼻祖。
† Sid Vicious，朋克乐队性手枪的贝斯手。

我上初中的时候,管三条线运动裤叫「乌冬裤」。

用可爱的字迹写道,
"记不住是因为蘘荷啦"

　　明知是迷信,但是在话剧演出期间和需要拍摄电影长镜头的日子,我还是会戒蘘荷。蘘荷何其无辜,却被扣上了一吃就健忘,进而导致记忆力衰退的大黑锅。

　　害怕在演戏的时候说不出台词,这恐怕是困扰着演员们的一大梦魇,至死方休。这不,我今早又梦见了,站在舞台上呆若木鸡。导演还是蜷川老师。明明是正式演出,他却在观众席上破口大骂。去世了还要继续在枕边吼你,这是一种多么难能可贵的恐惧啊。

记台词过目不忘的脑子,外加永远都不会哑的嗓子。20多岁的时候,我无比渴望这两种能力。

年过不惑时,我终于意识到这是不可能实现的梦想,关于记忆的能力好像也同时开始衰退了。不对,我在某个电视节目上看到过,说那只是人的错觉,其实大脑至死都在进化。看来大家只是想把自己的懒惰归咎于脑子罢了。

短短两句台词,却背了一个星期都没记住。好容易把台词背得滚瓜烂熟,其中的一句却在正式拍摄时漏了一次又一次。更糟糕的是在话剧首演时,脑子里的东西清得干干净净一点儿不剩,可谓"一片空白",把周围的人吓得脸色铁青。每次遇到这种情况,我都会紧紧攥住塞在裤兜里的纸条。那是我绝不会拿出来看的小抄。

曾有年轻演员对我说过这么一句话:"原来松重老师也是写着记的呀。"

我们这一代人年轻的时候,无论记什么都是靠写的。把台词写在纸上,随身携带,反复念诵,不时核对一下,巩固记忆。复印的不顶用,必须亲手用中意的笔写在纸上。大概是因为受时代背景的影响,抄写"板书"的行为在我们心里是和记忆挂钩的吧。

我当年是个不正经的学生,在临近期中、期末考试的时候找朋友借笔记抄是常态。虽说朋友不少,但是会认认真真抄写板书的大都是女生。而在当时,一种叫"圆体"的字体在女生中非常流行,就是所谓的"装可爱女生体"。

抄得多了,我的字也变成了圆体。时至今日,我的戏服口袋依然塞着叠起来的台词小抄,上面写着一个个"装可爱女生体"的文字。

我只得攥紧字迹可爱到吓人的纸,拼命回忆台词。

自家种的蘘荷。

可爱是可爱
就是有点……
不太忍心下嘴。

爆腌蘘荷
就是好吃

蹲过马桶以后，
再吃煎蛋卷和班尼迪克特蛋

今天的片场位于东京都内某外资高档酒店的房间。明明时间还早，早餐的餐厅却已是人头攒动，好不优雅。

只要是有点档次的酒店，自助早餐几乎都有厨师现做煎蛋卷的档位。哪怕人在外国，用蹩脚的外语点一份合自己口味的煎蛋卷也是无上的享受。姑且补充一下，这都是年过半百，住的酒店档次上去了之后的事情。

离候场还有的是时间,我大可尽情享用这家酒店的早餐。不过今天,我还有更重要的事情要做。

"在这家酒店的客房上厕所。"

办妥这件事之前,煎蛋卷、班尼迪克特蛋和法式吐司都没得吃。

事情要从四分之一个世纪前说起。那年我三十出头,有了女儿,成天忙着打工。一天,我骑着摩托车,赶往位于早稻田的建筑工地。据说那里要建一家我从未听说过的外资酒店。

我在石料店做短工,受托去工地干一天活。分配给我和两个中国留学生的任务是,用手推车把用于拌水泥的沙子运送到各个作业区域。

我们先运了"一立方米"的沙子(大概能装满公园的沙坑)去 A 处。

这时监工过来说,不能卸在这儿,让我们运去 B 处。AB 相距约 100 米。卡车都走了,也没有重机可用,我们三个只能用铲子去铲,再用人称"猫车"的手推车一趟趟搬运。

忙活了好几个小时,浑身大汗。好不容易运完了,工头竟说,还是运回 A 处吧。我好不容易劝住留学生,把沙子运回 A 处,谁知那工头竟然又让我们运回 B 处去。

此时,两个留学生已经撂担子回去了。也难怪啊,这简直是陀思妥耶夫斯基所谓的终极拷问。

我只得逼自己什么都不想,硬着头皮运完了沙子,再把铲子狠狠扔向沙堆,想道……不,是祈求道,我不想再打工了。如果可以的话,我希望今天是最后一次。还有,有朝一日,我一定要在这家酒店的豪华客房里狠狠拉一泡屎。

幸运的是,那天过后,我再没有打过工。而当年的另一个愿望,应该也会在今天实现。

某天的酒店早餐。

牛奶、果汁、纳豆
味噌汤、玉米汤
米饭、面包、茄汁意面
生菜、小番茄、西蓝花
猕猴桃、橙子
某种烤鱼、佃煮
培根、香肠

鸡蛋烧、温泉蛋
西式炒蛋……

※蛋，拿多了。

在神明注视下的净美茅房
琢磨今晚的菜单

不好意思,这次的话题还是难登大雅之堂。

你可知道,厕所也有神明守护?

我说的不是花子*和其他灵异鬼怪,而是日本自古以来就有的正牌神明"厕神"。我们凡人的排泄行为,都在他的注视之下。

厕神的名字写成"乌枢沙摩明王",念作"Ususama-

---

* 指"厕所里的花子",是日本家喻户晓的妖怪之一,传说中住在学校厕所,亦属都市传说的一种。

Myoo"。在寺庙里上厕所的时候，不妨环视四周，一不留神与神像四目相对，怕是会吓到命根一软。毕竟他生了一副有些狂野的长相。

再精致时髦的咖啡馆，也会被一间脏兮兮的厕所毁了格调。自家客厅装饰得再华美又如何，让客人在厕所幻灭是何其容易。所以我一得空便会化身为洁厕狂魔。

在打扫厕所的时候，最引人关注的莫过于"杆头露水"问题。敢问各位男同胞，你小便的时候习惯站着还是坐着？我肯定选后者。多替打扫厕所的人想想，只要有电热马桶圈，还是坐下来吧。

然而，直到去年都一直与我同住的犬子从小就是"站着上"一派的右翼先锋，溅得到处都是。我再三提醒，他却执意不肯改变排尿姿势。再加上厕所是密室，抓不到现行，搞得我很是头疼。

思虑再三，我决定请那位明王出马。奈何铜像久寻不得，我便把曹洞宗大本山鹤见总持寺厕所里的佛像照片放大以后挂在了自家的厕所里。效果立竿见影，因为站着上厕所时，双眼刚好能和明王对上，哪怕不坐下来，注意力好像也会自然而然集中起来，打扫卫生的次数明显减少了。

其实在干净的厕所大便也是一种无比幸福的体验。坐马桶时刚好能看到为本书绘制插画的 Abe Michiko 老师推出的"馋鬼日历"。之前去旭川拍外景的时候有幸受了她的关照，自那时起，我每年都会收到她寄来的日历，挂在厕所里。

日历无愧于"馋鬼"二字，每月都有绝妙的插图刺激观者的食欲，直教人一边拉一边惦记着吃，堪比禅学问答。

明王与馋鬼，我家的茅房真是一团乱。

花林糖（別无深意）

被定食屋*深处的外星人注视着，吃完大份米饭

"我唯一的爱好就是看看电影吧"——这么说的演员不在少数。

问题是，我看电影的时候总会特别关注小细节，没法彻底放松。所以一年到头看电影的次数和新桥的工薪族大叔们差不多。

不过我偶尔也会穿着中裤一觉醒来，突然冒出"今天看个电影吧"的念头。但我又懒得去电影院，于是便在客厅打开电视，在各个频道里翻来找去。

---

* 以套餐为主的餐馆，价格便宜且量足。

《惊爆银河系》(*Galaxy Quest*)。二十多年前的B级科幻电影。

剧情大致如下：一群演员在多年前演了一部太空英雄连续剧，而外星人误以为剧里演的都是真的，来请演员们出马解决他们母星上的冲突。于是演员们进入太空，大展拳脚。

我平时不常看电影，好在它是外国片，又是科幻喜剧题材，门槛还是比较低的。既是铁定不会看到熟人的好莱坞电影，又是预算充裕的科幻片，跟我也没什么缘分。

又傻又好笑，看起来本没有任何负担。然而，这部电影对"演员共同烦恼"的描写让我渐渐笑不出来了。

我一直觉得演战队片、变身骑士片的演员着实不容易。小朋友们肯定分不清戏里的角色和演员本人。所以无论是在休息室还是上台表演的时候，他们都不敢抠一下鼻子，免得戳破孩子们的美梦。

在那部电影中，外星人也深信演员们是货真价实的太空战士,毫不怀疑。真叫人心酸。

"那些饭菜您真的都吃了吗?"这个问题我已经听过几百遍了。"对,上桌的我都会吃光。"

随便进一家定食屋,却发现分量特别足。满腹狐疑地吃了几口,只见店老板们正从里屋偷偷看我,好似那电影中的外星人。也不知年近花甲的我还能坚持不辜负店老板多少年。

影片中的演员们也应该在外星人发出邀约的时候摒弃过去的辉煌,毅然决然地告诉人家,他们只是在"演戏"。要是外星人误以为我是"大胃王",请我去了外星,那可如何是好。就在我胡思乱想的时候,电影已经结束了。

听说在乌克兰,演过总统的演员真成了总统。
我要再强调一遍,角色是角色,演员是演员。
不过好不容易演了,还是祈求一个不以误会告终的结局吧。

来自异形火星人玩转地球黑衣人不速之客小时候在书上看到的跟章鱼一模一样的外星人插图现在回想起来还是很可怕。

世上并没有
东京特许许可局*啊,隆景

　　这些年,我也接过不少配旁白的工作。和演戏不同的是,配旁白不需要背台词。而且旁白讲究实事求是,紧贴画面,也许是这种工作立场比较契合我的秉性吧,反正我是从没有拒绝过。

　　我负责旁白的 NHK BS 的节目《英雄的抉择》已经迎来了第八个年头。只要提前看过稿子,就可以直接开录,不必排练。说白了就是熟能生巧,不过配旁

---

* "东京特许许可局"是一句经典的日语绕口令。

白的时候会有一种不同于演戏的紧张感，有趣得很。

渐渐地，我开始翘尾巴了，觉得自己基本克服了拗口的词句。

谁知前些天，我在给一档体育节目配旁白的时候碰到了一句很简单的话，"我至今带过的学生"（これまで育てた教え子が）死活说不利索，真是奇了怪了。卡壳，重说，又卡。反复多次，就彻底陷进去了。提前准备的时候，我压根没注意到这句话。

如今,普通读者与观众应该也知道"卡壳"（噛む）是什么意思。舌头打结，口齿不清，话没讲清楚，就叫"卡壳"。

在影视剧这种可以后期编辑的领域，卡壳最多就是NG，不至于沦为世人的笑柄。可要是话剧或者直播，观众也会立刻知道你"卡了壳"的事实。

"卡壳"有两种，一种可以当它没发生过，另一种却不行，而后者有时会对作品本身造成负面影响。因为"卡壳"心烦意乱的演员在反省的时候再次"卡壳"。而搭戏的演员因此笑场，自己也"卡壳"了。一眨眼的工夫便形成了"连锁卡壳"，毁掉整部话剧。最可怕的是，这种事真的发生过。

虽说电视剧的世界是可以编辑的，可台词死活说不利索也会导致拍摄工作的严重停滞。话说很多年前，我曾经被一句"还不到时候啊隆景"卡得死去活来。我扮演的角色要用这句话劝阻急躁的小早川隆景*，然而在情绪激动的状态下，这句台词着实难说。

至于之前的那句旁白，最后我请制作组让我重新录一遍，总算是顺利过关了。

其实"松重"这个姓也很难念，我见过女主播被它卡得一筹莫展。

---

* 战国智将毛利元就第三子、丰臣五大老之一。

小时候吃内脏总是嚼了又嚼却不知道该在什么时候咽下去。

现在倒吃得飞快都不知道是什么时候嚼的……

绝不孤独的孤独队团结在他的领导下

再次上演的话剧,拍续集的电影,出第二季的电视剧……我向来不屑这种"再捞一笔"的行为。但《孤独的美食家》已经拍到了第八季。前前后后拍了八年,介绍过的餐馆足有百余家。

那些店都是剧组工作人员靠自己的双脚和胃袋找来的。最开始被拒往往是因为知名度太低,最近却是因为店主担心播出后带来的混乱。如今还有来自亚洲各国的游客拿着旅游指南蜂拥而至,所以哪怕是我,碰到想要重温一次的店,也只能趁着节目还没播出偷偷再去一回,别无他法。

撑起这部剧的优秀员工被冠上了"孤独队"的名号。八年前,团队还不到10个人,现在却已经发展到近30人的规模。

团队的领头人就是总导演沟口先生。他酒量大,爱组织宴会,所以为拍摄外景在外住宿时,大伙的气氛那叫一个热闹,与"孤独"毫不沾边。光吃吃喝喝他还不满足,乒乓球、飞镖、保龄球甚至画舫船也得统统安排上。

不过闹归闹,到了要找餐馆的时候,孤独队便能发挥出他们的真本事。只去外地、外国找上几天,就能找到契合节目氛围的美味好店。

沟口导演那灵敏如狗的嗅觉与舌头更是了得。牢牢抓住店老板的心更是他的过人之处。为本书绘制插图的 Abe 老师也是在旭川拍摄外景时结识的酒友。

他是很厉害没错,只是挑店的时候有个问题,只要是他看上的店，菜单上基本都是下酒菜。他总是端着啤酒评头论足，一会儿说这个好吃，一会儿说那个美味，回过神来才发现，挑中的尽是些下酒菜。天知道被设定成一杯倒的井之头五郎*在拍摄期间喊过多少次"拿啤酒来！"。

我也对沟导提过各种无理要求。渐成年底惯例的《孤独的美食家》直播部分也只有在综艺节目历练过的沟导才搞得定。

谁知就在我对第八季提了一堆要求，准备开会沟通的前一天，他突然去世了。据说他前一天还在兴高采烈地喝酒。

痛失沟导这位父亲，"孤独队"一筹莫展，给节目画上句号的念头也在脑海中时隐时现。但父亲的孩子们，也就是节目组的 AD[†] 们毅然宣布，要继承沟导

---

* 由本书作者所扮演的人气剧集《孤独的美食家》的主角。
† 助理导演。

的遗志。

好嘞。沟导,你可一定要在天上喝着日本酒保佑我们啊。拜托你啦。

「欢迎光临」

旭川
三四郎的老板

「老板 拿下酒菜和热酒来」

沟口导演

每天
把酒言欢吧……

两位
肯定
在天上
相会了

爱好相扑的柔道家
不想练出饺子耳,也不会挥球棒

　　反正奥运会的门票是一张都没抽中,2021年夏天大概也不会拍电视剧的,人家是"过了个天天睡觉的年",那我就过个"天天睡大觉的奥运季"吧。

　　哎,慢着,话说这届奥运会不存在"和东道主有时差"的问题,所以半夜凌晨的狂欢也是不会有的。细细品来,倒也有点寂寞啊。

　　发这种牢骚也没用,毕竟在2019年年底之前,东京都知事的工作堆积成山,哪有工夫嘀咕这些啊。我说的是"韦驮天"的剧情哦(为《Sunday每日》写连载的时候,我还不知道2020年会变成什么样子,真是恍若隔世)。不知道"韦驮天"是怎么回事的朋友,别忘了补看。*

其实小时候,我对球类运动一窍不通,所以一心扑在了"相扑"上。对其他运动也不太感兴趣。所以上初中和高中的时候,由于学校没有相扑队,我只能退而求其次,进了柔道队。

入队之后,我好歹考出了段位,但我曾无数次为自己选择了柔道这个无法变通的项目而懊悔。

以棒球和足球为首的大多数体育运动是上了年纪也能参与的,练着玩玩也颇有意思。水平高的话,看着还挺酷的,而且还招桃花运。

常有人吹嘘棒球队、足球队的团队合作就像拍电影一样,眼红死我了。

可柔道呢?毕业以后,我就再也没穿着道服站上

---

* 此处是指 2019 年的 NHK 大河剧《韦驮天:东京奥运的故事》,松重丰在剧中饰演人称"奥运知事"的东龙太郎。

过榻榻米啊。比赛也是没什么看点的一对一切磋。再加上容易受伤，上了年纪还练柔道的人是少之又少。我想起来了，还有一点很要命。那就是道服很臭，臭得一塌糊涂。

影视剧里的动作戏跟柔道不是一个路数的，完全用不上。再说了，要是我顶着一双饺子似的耳朵[*]，可以扮演的角色就非常有限了。讽刺的是，我经常接到"前棒球运动员"的角色。每次扮演这种角色，我都要去击球中心反复练习挥棒，可无论我如何挣扎，都挥不出那个味道。

片场总有上学时练过棒球的工作人员，他们也会指点一二，奈何我这具练惯了武术的身体就是拿不了球棒。

最终，他们都会觉得我无药可救，建议导演用镜头角度什么的糊弄过去。

---

[*] 摔跤、柔道运动员的耳朵长期与垫子、衣服、身体等摩擦，造成耳郭皮肤和软骨间出血，部分瘀血未进行处理甚至反复刺激，容易形成血块残留，逐渐发生纤维化，最后变成较硬的组织，造成耳朵变形，称"饺子耳"。

真会有角色让我庆幸自己当年练过柔道吗?除了嘉纳治五郎[*],我实在想不出第二个。而且役所广司老师已经完美诠释了这个角色,完美到无法被超越的地步。[†]

《柔道一直线》[‡]中的车周作呢?这年头,那种热血运动片已经没市场了啊。要不就一边看奥运,一边沉浸在这种胡思乱想中吧。

---

[*] 现代柔道先驱。
[†] 役所广司在《韦驮天:东京奥运的故事》中扮演了嘉纳治五郎。
[‡] 柔道漫画,曾改编为电视剧。

家附近的炸猪排店的饺子。

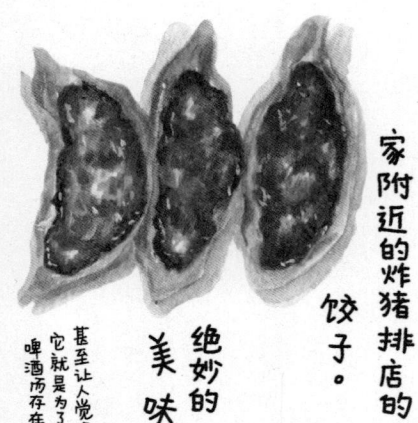

绝妙的美味

甚至让人觉得它就是为了啤酒而存在的!?

在除夕夜红白歌会的同一时间段，与独自过年的人们共享年夜饭

"已经年底了啊"——又到了感叹这句话的时候。事到如今，我也懒得再拿日子过得多快做文章了，最近我连指甲都长得特别快。

我们演员不比谐星，辞旧迎新之际基本是没有工作的。*日本人向来注重节点，所以也很少有跨年的作品，这就造成了12月初便宣告全年工作结束的情况。

---

* 电视台会在年底制作大量的搞笑节目在过年时播出，所以当红谐星年底普遍很忙。

不过也可能只是我当年太闲吧。

从《孤独的美食家》开始在年初播出特别篇之后，年底的日子便稍微忙了一些。谁知到了第三年，上头下达了指令，说是播出时间改成了除夕夜，而且偏偏是红白歌会的那个时段。我心想，东京电视台是放弃了那个时段的收视率吧，那我们也豁出去了。大伙想出来的点子，便是除夕夜的直播。

想当年，电视剧都是直播的。在 VTR 出现之前，演员们只能实时表演，直播给观众。当然我也没有这方面的经验，可光想象就够吓人的了。忘词了也好，卡壳了也罢，一概无法修正，结束时间也是定死的，时间不够就得加快语速，连珠炮似的说台词，时间多出来了，只能想办法把空白填满。

《孤独的美食家》是很难整集都搞直播的，所以只有最后十分钟采用直播的形式。而且为了突出直播感，有人提出了"在新年参拜的喧嚣人群中边看红白边吃东西"的点子。

然而，NHK到底还是没批准。团队只得使出苦肉计，把设定改成了一边吃，一边请一位用手机看电视的客人实况转播"红白"。

第一年就这么熬过去了。没有在直播时把吃的吐出来，搞出播出事故，却也没引起太大的轰动。

第二年又是除夕夜播出，团队决定增加直播的篇幅。

于是他们便请伊东四朗老师来救场了。说起我们这代人看过的直播电视剧，首屈一指的就是《穆一族》。伊东老师在那部作品中饰演兔屋老板。我就这么一边听他聊起当年的直播逸事，一边在除夕夜细细品味比谁都晚收工的幸福，完成了第二次直播。

俗话说有二就有三，我本打算在2020年参演第三次年末直播剧的。

谁知能在直播现场坐镇指挥的沟口导演突然去世了。太遗憾了，以后再也不会有直播了。

要不今年就在家里老老实实看红白吧。

说起过年荞麦面就想起了老家附近面馆的这两道。

没有荞麦面的「鸡肉面汤」和「荞麦面寿司」

真够别扭的啊——

摘下假发泡个澡,
听人讲述万愿寺辣椒*有多甜的夜晚

哪怕偷得浮生几日闲,哪怕想吃点好的,我也不会冒出"对了,去京都吧"†的念头。这是有原因的。

其实对我来说,京都就是拍古装剧的地方。据说很久以前,东京近郊也是有外景基地的,梳头师傅、服装师、道具师等古装戏专家一个不缺。可是如今,能在关东拍武打片的恐怕也只有 NHK 了。

---

* 京都的特色辣椒品种。
† 日本铁路公司(JR)的广告词。

20多年前的京都影视基地是个很可怕的地方。或者说，这样的传闻在江户一带蔓延开来，搞得人还没去就已经开始害怕了。

首先，那边的制度很要命。不知道为什么，往返的新干线车费只能报销扣除10个税点以后的金额。而住宿费的报销标准在当时是每晚4000日元，再扣10%的税，也就是每天3600日元。

当年的京都已经没有这么便宜的旅馆了，而且住处还得自己找。

基地附近有一家叫"T"的旅馆（现在已经没有了）勉强符合这一标准，只是浴缸和床都小得装不下我。

出外景当天早上，要在基地换好衣服化好妆，戴上假发，去后勤部领中午吃的便当，用800块现金去换。

到了外景地，还得在穿上盔甲之前先找好安放便当的地方。否则冬天会冻住，夏天会馊掉。

哪怕是放假，要是没有放够四天，那也是不能回东京的。诸如此类的事情很多，在东京泡着温暾水的演员们怕是很难理解。

另外,京都的基地有许多专属演员,就是大家常说的"龙套演员",个个都长得特别吓人。演打戏时没表现好,他们就会用关西腔一通数落。

说实话,我是真的很想回家,还管什么工作啊。

可又不能说走就走,只能把旅店浴缸装不下的身体和情绪寄托于基地一楼的中型浴场。

那是专供龙套演员使用的浴场,据说有角色的演员是很少去的。见东京的演员来泡澡,他们都觉得很有意思。裸裎相见的时间长了,便发展成了一起去喝酒的交情。

听说京都基地的制度也已经改善了许多。想起当年的那种氛围,还有那么几分怀念呢。

实在要去京都玩,那就在基地泡个澡,去太秦的廉价小酒馆喝上一杯吧。

这是我最爱吃的便当。

炸鸡和

鸡蛋烧

和

米饭上的不是梅干而是

咸鲑鱼子。

**刚开始还挺好的，
但皮肤更渴望汉字而非片假名**

　　猜拳的时候，有必要先说"首先出石头"（最初はグー）吗？

　　刚搬到东京那阵子，猜拳时用"首先出石头"起头的习惯让我很是惊讶。我本以为它只是一时的流行，可直到今天，片场的工作人员还是会咏唱这条咒语，争夺剩下的慰问品。直接猜拳不好吗？

　　回过神来才发现，手头的皮肤科诊所登记卡是越来越多了。

其中不乏函馆、熊本等地的诊所登记卡，明知这辈子大概都不会再去了，却还留在手里，没有扔掉。

干我们这行，总免不了借用各种穿戴在身上的东西，比如衣服、鞋子。有时甚至需要顶着一身流浪汉的打扮过一整天。在密切接触那些东西时，我的皮肤似乎会敏感地产生反应，回酒店泡澡时便是一通抓挠。

古装片的戏服又格外勒人，要是穿着盔甲演打仗的戏，当天晚上便会被莫名其妙的长条形红肿而非刀伤折磨得痛苦不堪。睡着的时候，我貌似也会下意识地抓挠，搞得自己浑身是血，只得在第二天冲去酒店附近的皮肤科诊所求救。

而且在这一行，在隆冬季节拍摄夏天的场景也是常有的事。甚至会在天寒地冻时穿着轻薄的夏装，瑟瑟发抖地吃刨冰。只能看着那些穿着羽绒服御寒的工作人员恨得咬牙切齿。

不过"HEAT 某某"*等保暖内衣的出现掀起了一场革命，将我们从水深火热中解救了出来。

尤其是名字里带"超""极"†这种字眼的加强款，成了我们的救命稻草。

谁知，我那柔嫩的肌肤竟被这位救星搞得叫苦不迭。明明不紧身，也不勒肉，却一穿就起疹子，无一例外。为什么？刚开始还挺好的（最初はグー）啊。

一位服装师建议我别碰化纤。尽量选择面料表里没有片假名词语的内衣。‡仔细一看，那些保暖内衣的面料竟是 100% 的片假名。

也许选棉（綿）、麻（麻）、丝（絹）这种成分简单天然的面料，皮肤就不会起反应了。用心找找，还是可以找到的，100% 纯汉字的内衣。

纯毛内衣尤其了得。无敌了。嗯，一点都不痒。就是贵。

---

* 此处暗指优衣库的 HEATTECH 系列。
† 此处指的是优衣库的"多舒暖"（極暖）、"高舒暖"（超極暖）。
‡ 化纤等面料在日语里多为外来语，以片假名写成。

打那以后，我再也没有去过皮肤科诊所。把买内衣的钱当成初诊费和药费，也就不觉得肉疼了吧。有同样烦恼的朋友不妨一试。

外面零下
屋里暖洋洋
冰镇的
啤酒

咕嘟咕嘟

郑重声明,
演员可不是由点组成的

小田急线经堂站跟前的地下室里,有一家名叫"Analogue"[*]的酒吧。老板阿奥是我的老朋友。

他玩了很多年的乐队,到了奔六的年纪才开了店。店里有唱片、唱片机和几把吉他。来了兴致,大家便会唱唱歌,闹一闹。

他也会跟我们一起撒欢,等我们离开的时候,他早已喝得烂醉如泥,哪里还顾得上结账。有时我深夜

---

[*] Analogue 意为模拟的、非数字的。

到访，进门一看，他居然睡在地上。不过在那里可以吃到他老家——我年轻时也用"青春18通票"*去过的山形藏王的美味佳肴，不容小觑。

最近，送自己制作的"唱片"给我的年轻音乐人是越来越多了。据说现在已经不流行发 CD 了，而是通过线上发行和唱片发布新曲。也许是只听过数字音乐的一代人悟出了沟槽振动的玄妙。我们家里一直没卖掉的模拟唱片也趁势迎来了重见天日的时代。

钟表界也出现了同样的倾向。20 世纪 70 年代的"石英冲击"† 逼得钟表厂商濒临破产，可如今呢？古董表竟卖出了天价。看着在表盖后"咔嗒咔嗒"运转的机械结构出神的人，肯定不止我一个。

电影片场也不例外，几乎看不到转动胶片的光景

---

* 超值优惠车票，可在规定时期内多次乘坐北至北海道、南到九州的纵贯整个日本的 JR 线普通列车。
† 石英表误差率明显低于机械表和早期的电池供电手表，且精工开放专利吸引大量企业入局，成本急剧降低，使石英表在 20 世纪 70 年代占据了市场的主导地位，瑞士传统制表业因而陷入濒死状态，史称"石英冲击"。

了。导演喊的还是"Rolling""Action",记录介质却压根没在转。

说实话,每一声"卡"的分量也大不如前了。

举办观众见面会,走工作人员通道经过电影院的放映室时,我也会想起那巨大的胶片盘不再旋转的冷清,还有被称为放映技师的孤高匠人销声匿迹的悲哀。

模拟君已经在音乐和钟表的世界卷土重来了。我坚信模拟有朝一日也能在智能手机称霸的影像世界东山再起,不自觉地把玩起最近刚买的胶片相机。

取景器赏心悦目,快门声悦耳动听。"嗯——妙啊!"我就这么淌着口水,在经堂的地下酒吧与阿奥度过了又一个"模拟"之夜。

油炸后撒糖做成的家常甜甜圈就是好吃。

真正的甜甜圈还是得用老方法做。

味道明明是一样的，可就是觉得洞里的更好吃呢。

机器人的梦中
有没有博多超软乌冬

听说2020年到了,最让我惊讶的莫过于现实已经超过了《银翼杀手》*的设定。

不过天上虽然有无人机飞来飞去,但是会飞的

---

* 《银翼杀手》是雷德利·斯科特执导的动作科幻电影,1982年6月在美国上映。影片以2019年的洛杉矶为故事背景,描写一群与人类具有完全相同智能和感觉的复制人,冒险骑劫太空船回到地球,想在其机械能量即将耗尽之前寻求长存的方法。

交通工具还没有造成交通堵塞。我碰过 ASIMO 君[*]和 Pepper 君[†]，但从没有被鲁特格尔·哈尔[‡]模样的人造人袭击过。

但出现在大银幕上的肠胃药至今可以在车站跟前的药店买到，在洛杉矶找找看，至少也能找到一个卖乌冬面的摊子吧。

那么，在当时显得极具冲击力的电影开头，哈里森·福特吃的究竟是什么乌冬呢？

电影是 1982 年上映的。在当年的东京，"乌冬面"以寄人篱下的形式存在于立食荞麦面馆中，面条也是泡在荞麦面汤里的，可谓受尽屈辱，白皙娇娘沦为黑脸太妹。可见在荞麦面文化圈里，乌冬面是多么小众的一款面食。

---

[*] 本田技研工业株式会社研制的仿人机器人。
[†] 日本软银集团和法国 Aldebaran Robotics 研发的仿人机器人。
[‡] Rutger Hauer，荷兰男演员，在《银翼杀手》中饰演人造人。

后来,日本迎来了史无前例的赞岐筋道乌冬热潮,此刻我又预感到了博多超软乌冬时代的到来。博多的乌冬面很软,用嘴唇都弄得断,但又绝非毫无嚼劲。最受瞩目的浇头是牛蒡天妇罗,但丸天[*]也是我很推荐的一款。要是导演雷德利·斯科特预料到了将会到来的博多乌冬时代,安排哈里森吃了丸天乌冬面,那可太让人感慨了。

在那个年代,和科幻电影一样火爆的还有游戏,角色扮演类游戏尤其热门。

那时,玩家在关机前必须用铅笔记下被称为"复活咒文"的随机文字串,否则就没法读档了。[†]画面粗糙的数码游戏强迫玩家做这件一点都不数码的事情,大伙却玩得不亦乐乎。

一晃几十年过去了,我重温了这款阔别多年的游

---

[*]　圆形鱼饼天妇罗。
[†]　这里指日本知名电子角色扮演游戏《勇者斗恶龙》。

戏，是那个系列的第 11 部作品。哇，游戏的进化真是不得了。当年怎么看怎么像一堆小点的角色都有了非常逼真的动画效果，把活灵活现的怪物往死里打。哪怕剧情不变，视觉效果也发生了天翻地覆的变化。

连《星球大战》都没有这么大跨步的进化啊。我切身感觉到了游戏的变化比电影更加剧烈。"有朝一日能不能接到《星球大战》的邀请啊……"当年心怀梦想的年轻人直到系列的最后一部都没能如愿，只得在眼前的虚拟世界治愈心伤。

"先来个贝荷伊米*。"

---

* 《勇者斗恶龙》游戏中用于恢复生命值的咒语。

松松脆脆　　咔嚓咔嚓

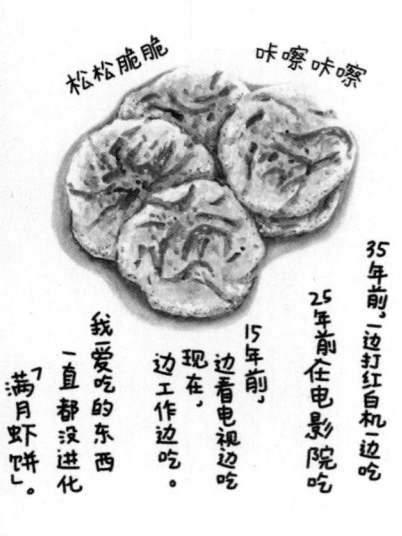

35年前，一边打红白机一边吃

25年前在电影院吃

15年前，边看电视边吃

现在，边工作边吃。

我爱吃的东西一直都没进化

「满月虾饼」

难得我送了寿喜烧专用锅当新婚礼物，你们还是别分手了吧

若干年前，蓝色申报*会的老朋友介绍了一位税务师给我。我和妻子一起拜访了他的办公室，想咨询一下他接不接我们这种职业的税务工作。税务师沉思许久后表示，"我之前没负责过这种职业的客户，能请您具体介绍一下您的工作吗？"

被人这么郑重其事地询问，我倒不知道该怎么回答才好了。结果他竟补充道："您的工作是回收炸过天

---

* 蓝色申报制度是日本为进一步完善纳税推出的申报制度，纳税义务人经税务机关许可后，依据税收法规的相关规定，采用蓝色申报表缴纳税款。

妇罗的油,将其再次加工成燃料,我没理解错吧?"

"演员业"靠脸吃饭,红了才能有钱赚。会被误会成"废油业"的匿名性倒也不错。*

我很少去餐馆吃寿喜烧,因为我觉得它跟寿司、天妇罗之类的东西不一样,在家吃和下馆子的区别不大。

尽管寿喜烧是一种比较奢侈的菜式,但肉是丰俭由人的。上至神户牛,下至100克98日元的特价进口牛肉边角料,什么样的肉都能做成寿喜烧。

不过,如果你问我在寿喜烧里最喜欢的是不是牛肉,我的回答却是"NO"。我的最爱不是煮得酥软的大葱,也不是丝丝入味的煎豆腐。我会喃喃吐出两个字,"牛脂"。

---

* 此处"演员业"(俳優業)与"废油业"(廃油業)的日语发音一样,才有此误会。

牛脂不会出现在菜单和菜谱上，好似在电影最后的演职人员名单里也找不到的配角。单独包装的牛脂小包就放在肉类货架上，上面连张价格标签都没贴*，但它是寿喜烧不可或缺的组成部分。其实好戏刚开场的时候，"牛脂"就已经粉墨登场了。

歌剧《寿喜烧》的帷幕，自它在滚烫的锅里翩翩起舞的那一幕拉开。在男女主角满场飞的时候，它也在锅底默默支撑着舞台，为演技寡淡的蔬菜们穿上鲜美的衣袍。

待到好戏临近尾声，它又彻底融入其中。于是在谢幕时，观众也见不到它。

我却会在中场第二幕开始时到人群中寻找它的身影。它瘦了些，也被汤底稍稍染黑了些，但内心依然纯白无瑕。我要将聚光灯对准它，在旁人的白眼中为它裹上蛋液，送进嘴里，细细咀嚼。"油就是好吃……"

---

* 牛脂在日本的超市一般是免费赠送的。

不知道牛脂行不行,反正炸过天妇罗的油是可以回收加工成燃料的。化石燃料并非取之不尽用之不竭,为了子孙后代,我们也得在废油中畅想未来。

说得好听,可我终究只是个普普通通的演员。为了不被扣上"废优"的帽子,还是多吃点"油",再接再厉吧。

培根的油
　　萨拉米香肠的油,我都喜欢。

最爱的
　　当然还是牛脂啦。

金奖

候场时对着镜头
连讲一堆无厘头的荤段子

　　横滨市营地铁蓝线中央北站检票口内的男厕所面台是我亲手施工安装的。

　　所谓"面台",就是男厕所小便池上方用来临时放置手提包和其他随身物品的架子。一个不小心,放在上面的包也许会在你小便时滑落。到时候,不受控制的出水口就会将一切变得湿漉漉、黄澄澄。

　　当石工学徒的时候,师傅把这份差事交给了我,安装工作是由我亲手完成的。

直到现在，我仍会在偶尔经过那站时过去目视检查一番，哪怕并无尿意。看看石料有没有开裂，接缝处有没有剥落，包放在上面会不会沾到脏东西。

也许，我是对能够留下有形成果的工作抱有某种潜在的向往吧。

"虚业"，我们演员留不下什么看得见摸得着的东西。在地震、病毒等有形或无形的威胁面前，这种职业是何等无力。面对封闭、自主避免（自肃）这样的字眼，我们束手无策。不过一码归一码，就不多展开了。归根结底，这就是一种没有实体的职业。

台词就该在说出口的那一瞬间消失。换个角度看，就好像我演了半天只是为了听到导演的那句"过"。问题是，这项本该像空气一样消失不见的工作，也会被转换成 DVD 或蓝光碟，留下有形的痕迹。按这一行的惯例，DVD 上市时，我们演员都能拿到一份。我虽有感恩之心，可每次都会为如何处理那些光碟而烦恼。

可能有些演员会反复重看自己参演的作品吧。可我是向来不看的，以后也不打算看。这么说太不含蓄了，也许会寒了某些人的心，但不搞无意义的反省是我的一贯秉性，所以我一律不看自己参演的作品。

可问题是，越积越多的光碟要怎么处理呢？想挂到网上卖掉，赚点零花钱吧，奈何我在工作中用的是本名，真卖了绝对会被骂到狗血淋头。哪怕我死了，光碟也不是什么子孙后代会争着抢着要的遗产。还是趁着自己还有一口气，及时处理掉吧。不过话说回来，有些光碟的盒子可真厚啊。那是因为附赠了片场花絮之类的东西。花絮啊……舞台内幕的那些东西，观众朋友们还是不看为好啊。

最近剧组会专门派人拍摄花絮，以至于候场的时候都没法彻底放松。

遇到这种情况时，我就会高声报出一串禁播敏感词和行业黑幕，好让那段花絮作废。拍摄人员败兴而归，我却恨自己成了一个讨人厌的老头子。

BANANA

喜欢熟得
特别透的 ♡

Michiko

子曰邻人未必是友，
拍照也未必是别人拍你

晌午时分，市中心的公园。离下午的拍摄还有一阵子，于是我便坐在长椅上稍事休息。

虽说是夏天，但只要有微风吹拂，坐在城里的树荫下还是很舒服的。过了一点，行人也变得稀疏起来。鸟儿的鸣啭把眼皮变得越发沉重。就在我险些打起瞌睡的时候，有人开口说道："对不起，可以拍张照片吗？"

身在片场或着急赶路时，我有时会婉拒，但是在这种情况下，我找不到任何拒绝的理由。虽然身上还穿着戏服，但只要提前叮嘱一下，让人家不要发到社交媒体上，应该就没问题了。定睛一看，来人是一对看起来很淳朴的情侣。于是我起身抚平衣服的褶皱，调整姿势。我非常自然地摆出被拍摄者的架势，谁知对方把手机递了过来。

"麻烦您了。"

两人背靠喷泉，摆好姿势。原来我是帮他们拍照的人。事情来得太突然，我顿时手忙脚乱，按错了键，手机没反应了。我苦笑着跑去找那个男人，让他再教一遍操作方法。自我意识激出的腋下冷汗顺着衬衫流了下来。

听说有同行和反社会势力的人拍了合照，有人拿那张照片要挟他。演员最讲究好感度，有人提出要跟你合影，你总不能冒昧地打听对方的身份和背景吧。话虽如此，恐怕也没几个人敢以貌取人。为避免莫名其妙的误会，也许有必要对外宣称"本人一律谢绝合影"。

遥想那个不需要用"反社会势力成员"这般拗口词组的年代,拍摄录像电影*和"那种"题材的电影时确实存在请"道上的人"来帮忙的情况。有时是请人家在剧组去闹市区拍外景夜戏时帮着维持片场秩序,甚至还有头目提出想以演员的身份参与拍摄。有一次,我正在片场换衣服化妆,只见一位老人在一群凶悍大哥的前呼后拥之下走进了群众演员休息室。没有什么比身份非比寻常的群众演员更难搞的了。我对他多有顾忌,但是在镜头前还是得演出黑帮混混的样子,放出唇枪舌剑。"卡!"

拍摄结束后,那位群演走到我跟前嘀咕道:

"小兄弟演得不错啊,能以假乱真了,一起拍张照呗。"

拍一张笑容抽搐的照片而已,能有什么问题?

---

* video cinema,指不在剧场上映,只推出录像带的低成本电影。

这位客人面要坨了!!

嗯~~嗯~~

咔嚓

看得我提心吊胆

在黑帮事务所随口扯谎，
心可防抖乎？

　　用手机拍照已成常态，我却偏要用相机。而且比起数码相机，我更愿意用胶片相机发起挑战。

　　一招定胜负。这也是胶片机的过人之处。想当年总是呕心沥血拍上一张，冲洗出来一看，却是"粗糙模糊又失焦"，好不苦恼。我们这样的离森山大道*的境界还差得远，只得叹道，相机要是有"防抖"功能就好了。

---

*　著名摄影师，"粗糙模糊失焦"是其作品的特征。

偶尔叫一次也无妨吧。不对,应该说"吃点算了"。不对不对,现在是不是都说外来语"Delivery"了? 话虽如此,我们这些偏年轻的老年人对 Uber* 什么的终究有些抵触情绪。荞麦面馆的小学徒送面上门也就罢了,陌生年轻人骑着自行车,一手拿着智能手机,一手提着猪排饭到我家的场面,看着总觉得不太对劲。

　　可 21 世纪哪里来的小学徒,都是小时工骑着摩托车送餐的。超级幼兽†停下又支起撑脚的响声,还有从车后卸下弹簧外卖架的响声。‡等死我啦! 这一连串的声音让人胃口大开。哎,等等。那个弹簧架子,不就是外卖的"防抖"装置吗? 它叫什么来着? 多大年纪了?

　　将近 40 年前,我在下北泽的一家拉面馆打过工,也去送过外卖。范围仅限于可以步行前往的地方,而且是不用穿越铁轨的地方。因为在道口等太久的话,

---

* 　此处指的是外卖 APP "Uber Eats"。
† 　Super Cub,本田的摩托车开山之作。
‡ 　此处指的是装在车后的防震运货支架,常用于送外卖。

面会变坨。电影院、小酒馆、拳击馆自不用说,黑帮的事务所我都去过。碰到比较危险的地方,大家便会猜拳,谁输了谁去,好不劳神。

保鲜膜裹上两三层,找零也得带上。那地方离得最远,万一面在路上坨了,保不准会惹祸上身。必须万分小心,加快脚步。小心翼翼地走上楼梯,敲门之后推开房门。

送外卖去黑帮事务所,听着多像电影的设定啊。我怀着忐忑不安的心情,从食盒里拿出中式盖饭和饺子。放在深处的一小碗汤好像被什么东西卡住了。手一歪,汤汁竟透过保鲜膜的缝隙漏了出来。

拿出来一看,碗已经空了。毫无汤汁存在过的痕迹。对方问"这是什么",我急中生智回答:"分菜用的空碗。"果不其然,挨了一顿臭骂。

不光手抖,心也抖得厉害啊。

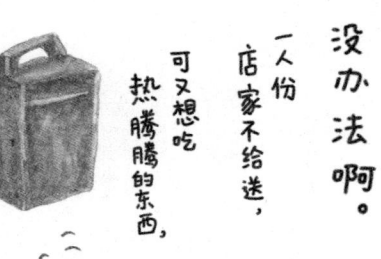

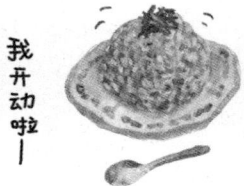

没办法啊。
一人份店家不给送，
可又想吃热腾腾的东西，
我开动啦—

坚持打针逃脱魔爪的方法，
你可敢信？

在春秋换季的时候，总有许多演员为说话带鼻音、流鼻涕和鼻塞而苦恼，无论男女。

这就是所谓的过敏症状，但应付一时的对症疗法往往伴随着嗜睡等副作用。

我会在这些烦恼的羔羊耳边轻声说道，我知道一个好办法。价格便宜，没有副作用，虽说要稍微花点时间，可一旦治好，以后就不会再发作了。

"我就是靠那个方法告别了纸巾。"只要报出这句话，是个人都会跃跃欲试，最后却没有一个演员付诸实践。为什么?

20岁的时候,在东京独居的我从吉祥寺搬到了下北泽。从四张半榻榻米大、厕所公用的破房子升级成带独立厕所的房子让我忘乎所以,以至于完全没注意到窗户跟前的鸽舍。

每天早晚的咕咕叫噪声攻击也就罢了。在日夜漫天飘舞的羽毛粉尘的攻击之下,我的支气管撑不住了。我就这样患上了成人哮喘,而非小儿哮喘。

体质一旦改变,逃离鸽舍隔壁也没用。杉树花粉和豚草,甚至家里的灰尘都会让我起反应。严重的时候,我会在半夜喘不过气来,只得自己冲去急诊医院。

沦为重症哮喘患者的几年后,我加入了一个剧团,秋天要随团去英国演出。这下我可犯难了,要是在异国他乡发了病就麻烦了。我赶忙找喉科名医救命。

老医生告诉我,秋天的英国是没问题的。我还纳闷他凭什么下定论呢,他却强烈建议我趁机试试"脱敏疗法"。

所谓脱敏疗法，就是把引起发作的物质稀释到很低的水平，注射到体内。从每周一针开始，然后慢慢拉长间隔，改成每月两针、每月一针、两个月一针……整个疗程需要两年。不需要用药，所以治疗费很便宜，也没有副作用，优势明显。

只是两年的疗程着实漫长，必须坚持不懈，而且每次打针都很痛。但一想到发作时的痛苦，我还是抱着抓住救命稻草的念头，咬牙坚持住了。结果呢？35年过去了，哪怕是在花粉季，我也用不着纸巾。万岁！

不过成功率只有70%，这是脱敏疗法的一大瓶颈，也是我无法强烈推荐这种疗法的理由所在。

啊，听说现在有一种疗法是不用打针的，吃糖丸就行。

我一直以为自己是不爱吃甜食的最近却发现只要是高级蛋糕无论来多少个我都吃得下。

星空下，篝火旁，
为你打造畅谈人生的好所在

在白天越来越短的时候出夜戏外景，对于还没习惯寒冷的身体是一大挑战。如果戏服偏轻薄，那就更要命了。

遇到这种情况，我就会让剧组备一个"咣咣"。于是经验丰富的工作人员便会搬来一个开了几个洞的一斗罐。"哗啦啦"装一些木炭进去，再把一团点着了的纸板扔进去，然后立刻握住罐子的把手，用大回环似的动作狠狠甩上几圈。

甩上一会儿，等纸板烧得差不多了便可以停下了。这时，罐子里的木炭已经被点着了，简易取暖装置"咣咣"大功告成。

整个过程相当拉风,会给人一种"这位工作人员特别能干"的感觉。会用"火"等于"能干的男人",这也许是源自原始时代的观念。

想当年我是没钱有闲,但又不知道什么时候要进组,所以没法提前制订旅行计划。那时我特别喜欢去露营。

毕竟开车去的营地,哪怕是碰上黄金周或暑假,提前一天预约就约得上。而且价钱便宜,一家人去只需要5000日元左右。

关东各地都有营地,规模大的甚至还附设温泉。吃饭当然靠烧烤,点炭火的工作当然由父亲负责。如果这一步出了岔子,一家人不光吃不上饭,照明和取暖也是指望不上的。当爹的就得效仿拉风的剧组工作人员,熟练地操控风与火,把木炭点着。

也不知道孩子看到父亲忙碌的背影作何感想,但我很确定当事人自己玩得非常开心。每去一次,道具便会多出一些，最后多到兰德酷路泽*都快装不下了，好一段令人怀念的日子。

近来"咣咣"也改头换面了，从一斗罐变成了长条形的盒子。里面的东西也从木炭变成了固体燃料，就是在旅馆吃晚餐的时候，服务员会帮忙点的那种蓝色小块的巨型版。燃料块还是很大的，所以点火的时候需要一些胆量，可即便是女员工，也能用点火枪一下搞定。不知不觉中，像风车一样转动火罐的豪迈男儿已经销声匿迹了。

如今孩子也踏上了社会，露营已成遥远的回忆。不过我听说最近又开始流行露营了。我倒想化身甩火罐的白发老爷子引人瞩目，却又担心老年性肩周炎发作，还是太平点吧。

---

* 丰田汽车出品的一款越野车。

再讲究的菜肴到了营地也敌不过煮得恰到好处的米饭。

尤其是巴其锅。

后 记

能看到这里的,都是坚持从短篇集读到随笔,没有中途放弃的读者。向各位致以最诚挚的谢意。

如果您是越看越气,这才翻到最后寻找作者的照片,想看看是谁厚着脸皮写出这样的蹩脚文章,视线却恰好停在了这儿,还请多多见谅。买书的钱是退不了了,但我绝无恶意。

2020年。目前我还无法想象后世会如何评价这一年。

要不要把前年开始连载的《SUNDAY每日》随笔专栏编成一本书?我在阳春三月接到了这样的提议。

那个时候，去"人群密集"的咖啡厅洽谈还是可以的。只有随笔，分量可能不太够，要不加篇对谈，或是新写几篇东西……编辑跟我讨论了一下该怎么"掺水"，但当时计划的出版时间是2021年春天。说实话，我是没太当回事儿，只觉得"反正还早"。

谁知一个月后，紧急事态宣言从天而降，意料之外的闭门蛰居生活开始了。为慎重起见，请允许我为未来的读者稍作解说。因为一种叫"新型冠状病毒"的东西肆虐全球，这个远东的岛国也有过"出门都成问题"的时期。演员当然是"既不必要又不紧急"的营生，拍摄、演出……所有工作通通喊停，只能窝在家里，整夜整夜睡不着觉。

"没有活干，只能待在家里。"

从年轻时到现在，这样的事态我已经历过无数次了。无论原因是病毒作祟，还是自己不够红，都只有接受的份儿。换做当年，我肯定会埋头打短工，或者找些每天结算的零工做做。然而紧急事态当前，零工也没法找。更何况，我都是57岁的人了，谁肯雇啊。

就没有能在家里搞的副业吗？能用家里现成的东西搞的。可我又没什么拿得出手的专长，做不了视频UP主。愁死了……没办法，只能往电脑跟前一坐，把自己的妄想打出来了。

我能写出什么东西呢？死马当活马医吧，每天一篇。仔仔细细写了12篇。我是别有用心的，想着把它们合起来当成一篇，也许还能看看。事情的经过就是这样。希望大家看得还高兴。请容我再重申一遍，我真的绝无恶意，还请见谅。

反正是妄想，去天马行空的世界兜一圈好像也不错。奈何我是窝在家里写的，难免会局限于自己身边的领域，于是就只写出了这么一个小小的、空空如也的世界。不过这也许能博感兴趣的读者一笑……我怀着淡淡的期许，将稿件发给了编辑部的五十岚老师。没想到事情进展得格外顺利，末了竟然告诉我，不用等到明年就能出版。在主业完全停摆的状态下，竟能靠"远程办公"走到这一步。这不是奇迹，还能是什么啊？

在出版的各项工作临近尾声时，我接到通知，说《SUNDAY 每日》的连载要结束了。

看来"演者戏言"也要就此落幕了，没有谢幕的环节。

我想借此机会，向长久以来大力支持专栏的各位读者道一句，谢谢大家。

尤其是为每一期连载绘制了精彩插图的 Abe Michiko 老师，怎么谢都不过分。唯一的遗憾，就是没能让读者朋友们欣赏到彩色的原画。

三流演员演了两年的冒牌随笔家，又改头换面演起了三流小说家，度过了这三个月。好快乐的三个月啊……我不禁如此感叹。

请菊地信义老师负责装帧吧！就当这是我的遗言了！——连这样的无理要求都得到了满足，我死也瞑目了。

感谢提供京都话指导的京都语文老师石见宪治、和子夫妇。感谢经纪公司 ZAZOUS 事务所的松野惠美子社长和经纪人铃木由香鼎力相助，促成了这个专业领域之外的项目。最后的最后，由衷感谢每日新闻出版的五十岚麻子老师自始至终耐心陪伴，没有被我的妄想吓跑。

松重丰
2020 年 10 月

图书在版编目（CIP）数据

空空如也/（日）松重丰著；曹逸冰译. — 北京：
北京联合出版公司，2021.6（2021.10重印）
ISBN 978-7-5596-5174-7

Ⅰ.①空… Ⅱ.①松… ②曹… Ⅲ.①松重丰—自传
Ⅳ.① K833.135.38

中国版本图书馆 CIP 数据核字（2021）第 055557 号

松重豊『空洞のなかみ』（毎日新聞出版）© Yutaka Matsushige 2020
Chinese (in simplified character only) translation rights in PRC reserved
by Shanghai Lucidabooks Co., Ltd.

空空如也

作　　者：[日] 松重丰
译　　者：曹逸冰
出 品 人：赵红仕
策划机构：明　室
策 划 人：陈希颖
责任编辑：张　萌
特约编辑：陈希颖　赵　磊
装帧设计：山川制本 workshop

北京联合出版公司出版
（北京市西城区德外大街 83 号楼 9 层　100088）
北京联合天畅文化传播公司发行
北京市十月印刷有限公司印刷　新华书店经销
字数 95 千字　787 毫米 ×1092 毫米　1/32　6.75 印张
2021 年 6 月第 1 版　2021 年 10 月第 3 次印刷
ISBN 978-7-5596-5174-7
定价：52.00 元

版权所有，侵权必究
未经许可，不得以任何方式复制或抄袭本书部分或全部内容
本书若有质量问题，请与本公司图书销售中心联系调换。
电话：(010) 64258472-800